D1822769

स्त्रियों का

अमृत महोत्सव

कब होगा?

स्त्रियों का
अमृत महोत्सव
कब होगा?

अभय कुमार ठाकुर

वाणी प्रकाशन

वाणी प्रकाशन
4695, 21-ए, दरियागंज, नयी दिल्ली 110 002
फ़ोन : +91 11 23273167 फ़ैक्स : +91 11 23275710
शाखाएँ
अशोक राजपथ, पटना 800 004, बिहार
कॉफ़ी हाउस कैम्पस, महात्मा गांधी मार्ग, इलाहाबाद 211 001, उत्तर प्रदेश
महात्मा गांधी अन्तरराष्ट्रीय हिन्दी विश्वविद्यालय, वर्धा 442 001, महाराष्ट्र
सुल्तानिया रोड, मोतिया पार्क, भोपाल 462 001, मध्य प्रदेश
www.vaniprakashan.com
marketing@vaniprakashan.in
sales@vaniprakashan.in

Striyon Ka Amrit Mahotsav Kab Hoga?
by Abhay Kumar Thakur

ISBN : 978-93-5518-093-3
Criticism/Social Discourse

© अभय कुमार ठाकुर
प्रथम संस्करण 2022

मूल्य : ₹ 350

इस पुस्तक के किसी भी अंश को किसी भी माध्यम में प्रयोग करने के लिए प्रकाशक से लिखित अनुमति लेना अनिवार्य है।

आर. टेक ऑफ़सेट प्रिंटर्स, दिल्ली-110032 में मुद्रित

वाणी प्रकाशन का लोगो मक़बूल फ़िदा हुसेन की कूची से

स्मृति शेष वसुन्धरा मैडम

माँ—महामाया देवी

पत्नी—आभा

बेटियाँ—ईशा और अनु

के लिए

अपनी बात

2019 के अन्त में चीन से प्रारम्भ होकर पूरी दुनिया में व्यापक असर डालने वाली कोरोना महामारी का प्रकोप अभी भी जारी है। इसके कारण पूरी दुनिया गहरे उथल-पुथल के दौर से गुज़र रही है। भू-राजनैतिक परिदृश्य से लेकर सामाजिक और आर्थिक परिदृश्य एवं मानवीय व्यवहार में युगान्तकारी परिवर्तन के संकेत मिल रहे हैं, जो आगे चलकर दुनिया का भविष्य तय करेंगे। कार्यक्षेत्र में 'work from home' का चलन बढ़ा है तो स्वास्थ्य चिन्ताओं के कारण लोग आत्मसीमित होते जा रहे हैं। हमारी पीढ़ी के अधिकतर लोगों ने अपने जीवन में इस तरह की महामारी नहीं देखी है, अतः स्वाभाविक रूप से इसे लेकर उनमें संभ्रम की स्थिति है।

इस अप्रत्याशित संकट के काल में ही देश अपनी स्वतन्त्रता की 75वीं वर्षगाँठ 'अमृत महोत्सव' के रूप में मना रहा है। स्वतन्त्रता की तरह ही इसका अमृत महोत्सव भी परस्पर अन्तर्विरोधी भावनाओं के साथ हमारे सामने है। आज़ादी के बाद एक ओर लोगों के मन में राष्ट्रीय नव-निर्माण की उमंग और समतामूलक समाज के निर्माण का स्वप्न था, तो दूसरी ओर देश के विभाजन और भीषण नरसंहार से उत्पन्न गहरी निराशा और मोहभंग भी। इसी प्रकार 'अमृत महोत्सव' के समय एक तरफ़ एक लोकतान्त्रिक देश के रूप में विश्व के मानचित्र पर अपने को प्रतिष्ठित करने और विकास के अनेक आयामों को हासिल करने का गौरव है, तो दूसरी तरफ त्रासद परिस्थिति में अपनों के बिछुड़ जाने का दर्द और मनुष्य के निरन्तर 'आत्मकेन्द्रित' हो जाने की टीस भी।

अतः आज़ादी का 'अमृत महोत्सव' उपयुक्त समय है। सम्यक् आकलन का कि इन वर्षों में हमने क्या खोया और क्या पाया है? इस दौरान क्या सामाजिक और आर्थिक विकास के क्षेत्र में हर तबके को समान अवसर उपलब्ध हो पाया है ताकि यह वास्तव में सबके लिए अमृत महोत्सव बन सके?

यदि लैंगिक समानता के परिप्रेक्ष्य में कोरोना महामारी का आकलन करें तो यह बात स्पष्ट रूप से उभरकर सामने आती है कि इसने दुनिया भर में लैंगिक भेदभाव को और भी बढ़ा दिया है। जैसा कि हर महामारी या आर्थिक संकट के समय होता है कि उसका सबसे पहला और घातक असर महिलाओं पर ही पड़ता है, कोरोना महामारी के समय भी भारत की श्रमशक्ति में महिलाओं की तादाद कम हो गयी और उनकी बेरोज़गारी में अप्रत्याशित वृद्धि देखने को मिली। दरअसल 'घरेलू कामगार' (Domestic Worker) के रूप में भारतीय समाज में सबसे बड़ी जनसंख्या महिलाओं की है, अतः महामारी के दौरान स्वास्थ्य चिन्ताओं के कारण अधिकतर परिवारों ने जब अपने घर के दरवाज़े उनके लिए बन्द कर दिये, तब उसका सबसे बुरा असर महिला कामगारों की ज़िन्दगी पर ही पड़ा। यही हाल कपड़ा, खिलौना, भवन-निर्माण जैसे अनौपचारिक क्षेत्र में काम करने वाली महिला श्रमिकों का भी हुआ, जहाँ या तो उनका वेतन बन्द कर दिया गया या उसमें भारी कटौती कर दी गयी। इस आर्थिक बदहाली और मानवीय संवेदनहीनता के कारण लाखों लोग हज़ारों किलोमीटर पैदल चलकर अपने घर लौटने को विवश हुए। मानवीय आस्था को हिला देने वाला यह दृश्य हम सबने अपनी आँखों के सामने देखा, जिसमें भूख, बदहाली और लोगों की बेरुखी से कामगारों का झुण्ड शहरों से लगातार पलायन कर रहा था।

लैंगिक भेदभाव के विविध रूपों और साहित्य विशेषकर हिन्दी साहित्य में इसका विवेचन ही इस पुस्तक का बीज है। अपने विद्यार्थी जीवन से लेकर सरकारी नौकरी के दौरान इस विषय पर मेरे अनुभवों का प्रतिफलन इसमें है।

पुस्तक की योजना दो खण्डों में की गयी है। प्रथम खण्ड में तीन अध्याय हैं तो दूसरे खण्ड में दो। प्रथम अध्याय में स्वतन्त्रता पूर्व और स्वतन्त्रता के बाद के भारतीय समाज में स्त्री आकांक्षा के स्वरूप में होने वाले परिवर्तन तथा साहित्य ख़ासकर हिन्दी साहित्य में इसकी अभिव्यक्ति पर विचार किया गया है।

प्रथम अध्याय में विश्लेषण का मूल आधार यदि कथा-साहित्य है, तो दूसरे अध्याय में कथेतर गद्य साहित्य। इन दोनों अध्यायों में विवेचन अधिकतर बीसवीं शताब्दी के रचनात्मक साहित्य पर आधारित है।

तीसरे अध्याय में कोरोना महामारी की पृष्ठभूमि में इक्कीसवीं सदी के दौरान महिलाओं की स्थिति पर विचार किया गया है। इस विषय पर लगातार साहित्य लिखा जा रहा है और बहुत सारा साहित्य का अभी आना बाकी है। अतः सीमित साहित्यिक सामग्री के आधार पर आकलन निश्चित ही आने वाले समय में संशोधन एवं परिवर्तन की माँग करेगा।

प्रथम खण्ड में बीसवीं और इक्कीसवीं सदी में महिलाओं की स्थिति में आने वाले परिवर्तन और उसकी साहित्य में अभिव्यक्ति को समेटने का प्रयास किया गया है, तो द्वितीय खण्ड में स्त्री-आकांक्षा पर आधारित हिन्दी की दो महत्त्वपूर्ण कृतियों-मोहन राकेश का नाटक 'आधे-अधूरे' और सुरेन्द्र वर्मा का उपन्यास 'मुझे चाँद चाहिए' पर विस्तृत चर्चा की गयी है।

अपने विद्यार्थी जीवन से लेकर अब तक जिन लोगों ने मेरे चिन्तन को आकार दिया है, उन सभी का मैं कृतज्ञ हूँ। अपने गुरु प्रो. निर्मला जैन और रामेश्वर राय का विशेष आभारी हूँ, जिन्होंने रचनात्मक विमर्श के माध्यम से हमेशा साहित्यिक अभिरुचि को जीवन्त बनाये रखा। पत्नी 'आभा' के साथ वाद-विवाद और संवाद ने न केवल इस पुस्तक के निर्माण में बल्कि मेरे व्यक्तित्व के निर्माण में अपनी महत्त्वपूर्ण भूमिका अदा की है। वाणी प्रकाशन के प्रबन्धक श्री अरुण माहेश्वरी एवं अदिति माहेश्वरी-गोयल का आभार जिन्होंने इस पुस्तक के स्वरूप निर्धारण में हमेशा महत्त्वपूर्ण सुझाव दिये। अन्त में उन सभी संस्थाओं, विचार मंचों, पत्र-पत्रिकाओं के प्रति अपनी कृतज्ञता ज्ञापित करता हूँ जिनकी सामग्रियों का प्रत्यक्ष या परोक्ष रूप से इस्तेमाल किया गया है।

मैं अपने प्रयास को सार्थक समझूँगा यदि पुस्तक सुधी पाठकों को विचार करने के लिए उकसा पाती है। उनकी टिप्पणियों, आलोचनाओं और सुझावों की हमेशा प्रतीक्षा रहेगी।

05 दिसम्बर, 2021 **अभय कुमार ठाकुर**

वाराणसी

अनुक्रम

खण्ड-एक

प्रथम अध्याय
स्वातन्त्र्योत्तर भारतीय समाज में स्त्री-आकांक्षा का स्वरूप 15

द्वितीय अध्याय
कथेतर गद्य और स्त्री प्रश्न 30

तृतीय अध्याय
कोरोना के बहाने इक्कीसवीं सदी में महिलाओं की स्थिति पर एक बहस 58

खण्ड-दो

चतुर्थ अध्याय
मध्यवर्गीय नौकरी पेशा स्त्री की अधूरी आकांक्षा की कहानी : आधे-अधूरे 91

पंचम अध्याय
आधुनिक भारतीय कैरियर वूमन की संघर्ष कथा : मुझे चाँद चाहिए 100

खण्ड

एक

प्रथम अध्याय

स्वातन्त्र्योत्तर भारतीय समाज में स्त्री-आकांक्षा का स्वरूप

भारतीय समाज में स्त्री की स्वतन्त्र अस्मिता का विकास कोई आकस्मिक घटना नहीं है, बल्कि वह एक लम्बी संघर्ष-प्रक्रिया का परिणाम है। स्वाधीनता आन्दोलन इस विकास-प्रक्रिया का प्रस्थान-बिन्दु माना जा सकता है। हालाँकि उन्नीसवीं शताब्दी के आरम्भिक दशकों से ही नारियाँ मुख्यधारा में शामिल होना प्रारम्भ करतीं हैं लेकिन स्वाधीनता आन्दोलन के अन्तिम दौर में ही उनकी सक्रियता स्पष्ट रूप से उभरकर सामने आती है। सर्वप्रथम राजाराम मोहन राय ने 1828 ई. में ब्रह्म समाज की स्थापना के माध्यम से पुरुषों और स्त्रियों के समान अधिकार की बात उठाई। आगे चलकर ईश्वरचन्द्र विद्यासागर, महादेव गोविन्द रानाडे, कर्वे आदि समाज-सुधारकों ने नारियों की सामाजिक स्थिति में सुधार के अनेक प्रयत्न किये। इस प्रकार उन्नीसवीं शताब्दी के प्रारम्भिक चरण में समाज सुधार आन्दोलन के साथ-साथ स्त्री की परम्परागत अवधारणा टूटने लगती है और वह नयी भूमिका के लिए तैयार होती दिखायी देती है। लगभग इसी समय नारी मुक्ति आन्दोलन ज़ोर पकड़ता है और नारियों की समस्याओं को उठाने वाले अनेक संगठनों की स्थापना की जाती है। नारी मुक्ति आन्दोलन का यह चरण स्त्रियों की स्वतन्त्र अस्मिता की लड़ाई में निर्णायक भूमिका अदा करता है। स्वाधीनता आन्दोलन के अनेक चरणों-स्वेदशी आन्दोलन, सविनय अवज्ञा आन्दोलन और असहयोग आन्दोलन के दौरान भारतीय नारियाँ अपनी पारम्परिक निष्क्रियता को त्यागकर राजनीतिक और सामाजिक गतिविधियों में सक्रिय होती हैं, लेकिन इन आन्दोलन में नारियों की भागीदारी उनकी स्वतन्त्र अस्मिता की लड़ाई का हिस्सा नहीं है, बल्कि यह तो सामाजिक प्रक्रिया में उनकी आरम्भिक हलचल का संकेत भर है। दरअसल स्वाधीनता आन्दोलन समूचे भारतीय जनमानस के लिए गहरे उथल-पुथल और अदम्य सर्जनात्मकता का समय है। इसके प्रभाव से भारतीय

स्त्रियों की जड़ता टूटती दिखायी पड़ती है और सक्रियता का दौर आरम्भ होता है। लेकिन भारतीय समाज में नारियों की स्वतन्त्रता की वास्तविक शुरुआत स्वाधीनता के बाद होती है, जब स्त्रियाँ भी पुरुषों की तरह आर्थिक रूप से स्वनिर्भर होने लगती हैं। सच तो यह है कि किसी भी प्रकार के स्वतन्त्रता की कल्पना आर्थिक स्वतन्त्रता के बगैर नहीं की जा सकती है। पश्चिमी देशों में भी नारियों की स्वतन्त्रता औद्योगिक क्रान्ति के बाद शुरू होती है, जब वे आर्थिक रूप से आत्मनिर्भर हो जाती हैं। यद्यपि आर्थिक स्वतन्त्रता अपने आप में पर्याप्त नहीं है, उसके साथ ही सामाजिक, नैतिक, सांस्कृतिक आदि तमाम तरह की स्वन्त्रताएँ भी महत्त्वपूर्ण हैं, तथापि इसकी स्थिति केन्द्रीय तो है ही। जब आर्थिक स्वाधीनता के साथ-साथ अन्य प्रकार की स्वाधीनताएँ भी सम्मिलित होती हैं, तभी सच्चे अर्थों में एक स्वतन्त्र मनुष्य का जन्म होता है। इस सन्दर्भ में विश्वप्रसिद्ध लेखिका "सीमोन द बोउआर" की यह बात बिल्कुल तर्कसंगत जान पड़ती है कि: "हमें यह भी नहीं समझ लेना चाहिए कि केवल आर्थिक स्थिति के बदलते ही स्त्री में पूर्ण परिवर्तन हो जायेगा। यद्यपि मानव-विकास के क्रम में आर्थिक अवस्था एक आधारभूत तत्व है, जो व्यक्ति का नियंता है, किन्तु इसके बावजूद नैतिक, सामाजिक, सांस्कृतिक आदि अवस्थाओं में भी परिवर्तन की पूरी ज़रूरत है; जिनके बदले बिना नयी स्त्री का आविर्भाव सम्भव नहीं होगा।"[1]

नयी स्त्री के विकास की प्रक्रिया काफ़ी ज़द्दोजहद और जटिलताओं से भरी हुई रही है। जब भी कुछ नया घटित होता है, उसे तुरन्त सामाजिक स्वीकृति नहीं मिल जाती है। भारतीय स्त्रियों को भी अपनी स्वतन्त्र सत्ता की स्वीकृति के लिए संस्थानों के अनेक रूपों से टकराना पड़ा है तथा भर्त्सना, अपमान, बहिष्कार और हिंसा भी सहनी पड़ी है। संस्थानों से टकराहट की इस प्रक्रिया में कई बार स्वाधीनता का प्रश्न निरस्त भी हुआ है और बराबरी के लिए संघर्ष अभी भी जारी है।

एक स्वाधीन स्त्री को संस्थानों के अनेक रूपों से जूझना पड़ता है—राजनीति, समाज, परिवार, धर्म इत्यादि। इस सन्दर्भ में "सीमोन द बोउआर" की स्थापना थोड़े अतिरेक के बावजूद काफ़ी सहमति की गुंजाइश रखती है :

"यह ठीक है कि आधुनिक समाज में पहले की अपेक्षा स्त्री के लिए अधिक अनुकूल परिस्थितियाँ मिलती हैं किन्तु अब भी उसको पहला क़दम सामाजिक विद्वेष के बीच ही उठाना पड़ता है।... एक नयी शुरुआत में जो एक गोरे अमेरिकी को पहले से ही विरासत में मिली होती है, एक औरत को एक नीग्रो की ही

तरह अपने आसपास के माहौल से जूझना पड़ता है। ...स्त्री चाहे विवाहित हो या अपनी गृहस्थी और परिवार में रहती हो, एक पुरुष की तुलना में परिवार उसके कार्य-व्यवस्था को अपेक्षित महत्त्व नहीं देता। परिवार उस पर कार्य का बोझ तो लादता ही जाता है, आचार-व्यवहार के नाम पर कदम-कदम पर उसके कार्यों में अनावश्यक हस्तक्षेप भी करता है।''[2]

संस्थानों से टकराने और टकराकर टूटने, बिखरने, अपमानित होने और अन्ततः उन्हीं संस्थानों के प्रति समर्पित को जाने की नियति को अनेक रचनाकारों ने अपने उपन्यासों में अभिव्यक्त किया है। शरतचन्द्र, आशापूर्णा देवी, प्रेमचन्द, जैनेन्द्र आदि रचनाकारों ने स्त्री-आकांक्षा और संस्थान की टकराहट को अपनी रचनाओं का मुख्य विषय बनाया है। लेकिन इन रचनाकारों के यहाँ स्त्री-अकांक्षा का पारम्परिक स्वरूप ही मिलता है। इन लेखकों के नारी पात्रों की मूल आकांक्षा सुखद भविष्य और सामाजिक स्वीकृति है। स्वातन्त्र्योत्तर भारतीय नारियों की तरह ''स्वाधीन व्यक्तित्व'' और ''स्वतन्त्र कैरियर'' जैसी माँगें उनके यहाँ प्रायः नहीं मिलती हैं। प्रसिद्ध बांगला उपन्यासकार शरतचन्द्र चट्टोपाध्याय के अधिकांश नारी पात्र अपनी कारूणिक स्थितियों के भीतर ही कैद रह जाती हैं। उनकी सारी बेचैनी और आकांक्षा तो सिर्फ़ सामाजिक संस्थाओं के द्वारा स्वीकृत हो जाने की है। ये स्त्रियाँ बदलाव तो चाहती हैं, लकिन इसके लिए वे सामाजिक संस्थाओं और मूल्यों से मुठभेड़ करने को तैयार नहीं हैं। आशापूर्णा देवी के उपन्यासत्रयी–''प्रथम प्रतिश्रुति'', ''सुवर्णलता'' और ''बकुलकथा'' में सामाजिक मान्यताओं को चुनौती देने वाली नारियाँ ज़रूर दिखायी देती हैं, लेकिन ये भी अपने स्वाधीन व्यक्तित्व'' के लिए चिन्तित नहीं है, बल्कि अमानवीय परिस्थितियों में जीने के लिए अभिशप्त स्त्रियों के जीवन को थोड़ा मानवीय बनाना चाहती हैं। ''प्रथम प्रतिश्रुति'' की ''सत्यवती'', सुवर्णलता की ''सुवर्ण'' और बकुलकथा की ''शम्पा'', ये सभी जुझारू स्त्रियाँ हैं। ये सभी नारियाँ संस्थानों के अनेक रूपों---पति, सन्तान, परिवार, समाज, परम्परा और संस्कारों से जूझती हैं और जूझकर वह उपलब्धि अर्जित करना चाहती हैं ताकि आने वाली पीढ़ियाँ उन यातनाओं मुक्त रहें, जिनसे ये क्षत-विक्षत हुई हैं। लेकिन इनकी आकांक्षा भी स्वातन्त्र्योत्तर भारतीय नारियों की तरह आर्थिक स्वनिर्भरता, स्वतन्त्र कैरियर, ''स्वतन्त्र अस्मिता'' आदि की नहीं है, बल्कि मानवीय जीवन और सुखद भविष्य की है। हिन्दी साहित्य में ''प्रेमचन्द'' की ''सुमन'' और ''निर्मला'' तथा जैनेन्द्र की ''मृणाल'', ''कट्टो'', ''सुखदा'' आदि स्त्रियाँ विद्रोहणी तो हैं, लेकिन यह विद्रोह अनेक अर्थों में ''सीमित विद्रोह'' है। ''सुमन'' को अन्ततः आश्रम में अपनी मुक्ति खोजनी पड़ती हैं और

"मृणाल" विद्रोही होते हुए भी समाज को तोड़ना-फोड़ना नहीं चाहती है तथा स्वयं को सामाजिक हित में बलिदान कर देती है। इन स्त्रियों की आकांक्षा संस्थानों से टकराकर अपनी स्वतन्त्र अस्मिता का निर्माण करना नहीं है, बल्कि संस्थानों के भीतर रहते हुए अपने लिए सुखद जीवन की तलाश ही उनका मुख्य सरोकार है। एक छोटा-घर, पति और सन्तान, पारस्परिक सौहार्दपूर्ण सम्बन्ध विधान तथा जीवन निर्वाह के लायक परिस्थितियाँ—यानी वे सभी चीज़ें जो एक व्यक्ति के जीवन को सुखद और सन्तुष्ट बना सकती हैं; वही उनकी आकांक्षा का आधार है। भारतीय नारियों की इस मानसिकता पर "डॉ. निर्मला जैन" ने बिल्कुल सही टिप्पणी की है कि :

"स्त्री पूजा और भर्त्सना की ध्रुवीय व्याख्या को सहज रूप में स्वीकार कर उसी साँचे में अपनी रचनात्मकता मानसिकता को ढालती रहेगी। वह "देवी, माँ, सहचरि, प्राण" बनी रहकर आत्मदान और आत्मपीड़न में ही जीवन की सार्थकता तलाश करेगी। शरत के नारी पात्र, जैनेन्द्र, की मृणाल, कट्टो, सुखदा और उत्सर्ग के इसी मन्त्र से बिद्ध प्रेमचन्द के बहुत से चरित्र उसके लिए मॉडल का काम करेंगे।"[3]

भारतीय स्त्रियों की आकांक्षा की प्रकृति सामाजिक संरचना के परिवर्तन से गहरे रूप से जुड़ी हुई है। भारतीय समाज का प्रारम्भिक रूप "स्वायत्त ग्रामीण-व्यवस्था" का रहा है जिसमें "संयुक्त परिवार" की प्रथा आधारशिला के रूप में विद्यमान रही है। अंग्रेजों के आगमन, औद्योगिक विकास, महानगरों के विस्तार और अनेक पंचवर्षीय योजनाओं के कार्यान्वयन से भारतीय समाज का यह बुनियादी ढाँचा धीरे-धीरे क्षतिग्रस्त होने लगता है और उसका स्थान व्यक्ति-प्रधान इकाईयाँ लेने लगती हैं। स्वतन्त्रता-पूर्व के भारतीय जीवन में जहाँ परिवार और समाज का महत्त्व केन्द्रीय था स्वातन्त्र्योत्तर भारतीय जीवन में "व्यक्ति" का महत्त्व केन्द्रीय हो गया। सामाजिक संरचना के इस परिवर्तन के कारण भारतीय स्त्रियों की आकांक्षा में भी परिवर्तन आया है। सभ्यता के विस्तार और सामाजिक संरचना के अधिकाधिक जटिल हो जाने के कारण भारतीय नारियों की आकांक्षा भी अब अधिक जटिल और उलझी हुई हो गयी हैं। स्वतन्त्रता के पहले और उसके बाद की भारतीय नारियों की आकांक्षा में एक बुनियादी अन्तर पाया जाता है। जहाँ स्वतन्त्रता से पहले की भारतीय नारियों की आकांक्षाएँ अधिक सरल और सुलझी हुई हैं, स्वातन्त्र्योत्तर नारियों की आकांक्षा अधिक संश्लिष्ट और जटिल हैं। स्वतन्त्रता से पहले की भारतीय नारियों की इच्छा एक घर, पति, सन्तान और सुखद भविष्य तक सीमित है,

जबकि स्वातन्त्र्योत्तर भारतीय नारियाँ इनके साथ-साथ "स्वतत्र व्यक्तित्त्व", यश, प्रतिष्ठा और "बेहतर कैरियर" भी चाहती हैं। पहले की भारतीय नारियाँ जहाँ समाजिक सम्बन्धों में अपनी सार्थकता की तलाश करती थीं, स्वातन्त्र्योत्तर भारतीय नारियाँ "व्यक्तिगत उपलब्धि" को अपनी सार्थकता का पर्याय मानती हैं। वस्तुतः "कैरियर को प्रधानता" देने वाली भारतीय नारियों का जन्म स्वतन्त्रता के बाद ही होता है। स्वतन्त्रता पूर्व की भारतीय नारियाँ जहाँ "कैरियर वूमन" नहीं हैं, और अधिकतर भारतीय स्त्री अपनी विनम्र, शालीन और पारम्परिक स्वरूप की रक्षा में प्राणपण से लगी रहती हैं, स्वातन्त्र्योत्तर भारतीय नारियों का रूझान आधिकाधिक "कैरियर वूमन" बनने का है, भले ही उनके "कैरियर" की प्रकृति एक न होकर अलग-अलग हो।

भारतीय सामाजिक संरचना और नारियों की आकांक्षा में होने वाले इस परिवर्तन का असर साहित्य में भी देखा जा सकता है। शरतचन्द्र, आशापूर्णा देवी, जैनेन्द्र और प्रेमचन्द के यहाँ स्त्री-आकांक्षा का रूप अधिक सरल है, जबकि मोहन राकेश, कृष्णा सोबती, मन्नू भण्डारी, मंजुल भगत, मृदुला गर्ग, निर्मल वर्मा और सुरेन्द्र वर्मा के यहाँ स्त्री-आकांक्षा की प्रकृति अपेक्षाकृत जटिल और संश्लिष्ट है। यह एक महत्त्वपूर्ण तथ्य है कि स्वतन्त्रता पूर्व की भारतीय नारियों की आकांक्षा स्वातन्त्र्योत्तर नारियों के यहाँ भी मिलती है, लेकिन स्वातन्त्र्योत्तर भारतीय नारियों की "आकांक्षा" के अनेक पहलू जैसे स्वतन्त्र सत्ता, कैरियर आदि पहले की नारियों में प्रायः नहीं मिलती हैं। भारतीय समाज में स्त्रियाँ एक लम्बे अर्से तक अमानवीय परिस्थितियों में जीती रही हैं, अतः इस अमानवीय परिस्थिति का अन्त सभी स्त्रियों की कामना रही है। सभी नारियाँ चाहती हैं कि समाज और परिवार में उनकी हैसियत "गुलाम" की न होकर एक सम्मानित सदस्य की हो। "अशिक्षा" इस अमानवीय परिस्थिति और यथास्थितिवाद को बनाये रखने का सबसे प्रमुख हथियार रही है। इसीलिए शिक्षित और सुसंस्कृत बनने की तमन्ना भारतीय नारियों की आकांक्षा का मुख्य सरोकार रहा है। पढ़-लिख न पाने का दर्द "इदन्नमम" की मन्दा को हमेशा सालता रहता है। बऊ के साथ उसका संवाद दो पीढ़ियों की सोच और वैचारिक टकराहट को तो स्पष्ट करता ही है, भारतीय नारियों की बदलती हुई मानसिकता की झलक भी यहाँ दिखायी पड़ती है :

"बऊ हम पढ़ने जाया करेंगे।" उसने उत्साह में भरकर कहा।

पढ़बे!

हाँ बऊ! यहीं के स्कूल में। छः में दाखिला हो जायेंगे।

बेटा ना! ना मन्दा!

ना! क्यों बऊ?

बिटिया, और बालकों की होड़ जिन करो। तुम्हारा बाहर कढ़ना ही मुसीबत हो पड़ेगा मन्दा!

...तो बऊ हम कभी नहीं पढ़ सकेंगे?

को जाने मन्दा। वैसे तुम अनपढ़ थोड़े ई हो। पाँच किलास ...कुछ नहीं हो सकेगा आगे। बस पाँच किलास ही रह जायेगी शिक्षा। उसे ऐसा लगा।''[4]

पढ़-लिख न पाने का यह दर्द केवल मन्दा का ही नहीं है, बल्कि सुवर्ण, अनारो जैसी सभी भारतीय स्त्रियाँ जो शिक्षा के अवसर से वंचित रही हैं, इस दर्द से पीड़ित हैं। भारतीय नारियों के विकास में एक प्रमुख बाधा सामाजिक कुरीतियाँ हैं। बाल-विवह, भ्रूण हत्या जैसी सामाजिक कुरीतियाँ नारियों को ''द्वितीय श्रेणी'' का मनुष्य बना देती हैं। इसीलिए प्रायः सभी समझदार भारतीय स्त्रियाँ इनका विरोध करती हैं। ''प्रथम प्रतिश्रुति'' की नायिका सत्यवती बाल-विवाह की असंगत प्रथा पर प्रश्नचिन्ह लगाती है और मानती है कि सुखद भविष्य के निर्माण के लिए इन कुप्रथाओं का अन्त होना आवश्यक है :

''सभी ब्याह में नारायण आकर खड़े होते हैं या नहीं, हर गठबन्धन जन्म-जन्मान्तर का बन्धन है या नहीं, यह प्रश्न लेकर मैं बाबू जी के पास जा रही हूँ।[5]

शिक्षित होने के साथ-साथ सुसंस्कृत होना भी भारतीय संस्कृति में उतना ही महत्त्वपूर्ण माना गया है। अतः स्वभाकि रूप से सुसंस्कृत जीवन जीने की चाह भी भारतीय स्त्रियों में ज़बरदस्त रूप से पायी जाती है। ''अनारो'' यद्यपि दूसरों के घर बर्तन मांजने और झाड़ू लगाने का काम करती है, लेनिक सभ्य और सुसंस्कृत जीवन-पद्धति की चाह उसके मन में भी है। महानगरीय झुग्गी झोंपड़ी की शराब और गाली-गलौज वाली जीवन-पद्धति उसे स्वीकार्य नहीं है। वह अपने लिए सभ्य जीवनचर्या चाहती है ताकि समाज में उसका भी गौरवपूर्ण स्थान हो :

''घर-घर काम करके एक नयी किस्म की चाह उसके मन में उपज आयी थी। उसका जी चाहता, जिस ढब से उसका आदमी उससे बैठकर हँस-बोले, उसमें न गाली-गलौज हो, न सौत। न रुपये-पैसे की हाय-हाय हो, न ठर्रे की गन्ध। बस, दुनिया-जहान की ऐसी बातें हो, जिनमें कुढ़न हो न जलन।''[6]

वस्तुतः शिक्षित और सुसंस्कृत होने की चाह भारतीय नारियों की उस वृहत्तर आकांक्षा का एक भाग है, जिससे समाज में उन्हें एक सम्मानित और प्रतिष्ठित व्यक्ति की मान्यता मिल सके और वे ''द्वितीय श्रेणी'' के मुनष्य की पीड़ा से मुक्त हो सके। समाज और परिवार में गौरवपूर्ण स्थान की प्राप्ति के लिए स्त्रियों को काफ़ी जद्दोजहद करनी पड़ी है। इस प्रक्रिया में उन्हें पति, सास,

परिवार की प्रताड़ना भी सहनी पड़ी है किन्तु फिर भी स्त्रियाँ अपने इस अधिकार की प्राप्ति के लिए बराबर संघर्ष करती रही हैं और उनकी आकांक्षा का दायरा धीरे-धीरे विस्तृत होता गया है। स्त्री-आकांक्षा के निरन्तर विस्तृत होते आयाम और इस प्रक्रिया में संस्थान के विभिन्न रूपों से उनकी टकराहट को प्रसिद्ध बांग्ला उपन्यासकार आशापूर्णा देवी ने 'सुवर्णलता' के चरित्र के माध्यम से प्रामाणिक रूप से अभिव्यक्त किया है। ''सुवर्ण'' के माध्यम से लेखिका ने भारतीय नारियों की सामूहिक इच्छा को साकार कर दिया है :

> ''किन्तु उसके चाहने की सीमा इतनी ही है क्या? एक टुकड़ा
> बरामदा, छत पर जाने की एक सीढ़ी? बस? और कुछ नहीं।
> आजीवन सुवर्णलता ने इतना ही चाहा?
> नहीं।

बेहया सुवर्णलता ने और भी बहुत कुछ चाहा। पाया नहीं, फिर भी चाहा। चाहने के कारण लांछित हुई, उत्पीड़ित हुई, हास्यास्पद हुई, फिर भी उसके चाहने की परिधि बढ़ती ही गयी। सुवर्णलता ने भव्यता चाही, सभ्यता चाही, आदमी की तरह जीना चाहा। बाहर की दुनिया में नाड़ी का योग रखना चाहा। उसने देश के बारे में सोचना चाहा, देश की पराधीनता का अन्त चाहा। तो फिर सुवर्णलता को उसका पति, सास, जेठ, देवर पागल क्यों न कहें।''[7]

आत्मसम्मान के साथ जीने की आकांक्षा भारतीय नारियों के जीवन का एक मुख्य सरोकार रहा है। सच तो यह है कि यह मनुष्यमात्र की इच्छा होती है कि वह आत्मसम्मान की ज़िन्दगी जिये। इसीलिए शिक्षित और अशिक्षित सभी प्रकार की स्त्रियाँ इस प्रकार की ज़िन्दगी अपने लिए चाहती हैं। वह चाहे फ़िल्म उद्योग की शीर्ष अभिनेत्री ''वर्षा वशिष्ठ'' हो, नृत्यांगना ''नीलिमा'' हो, अपना स्वतन्त्र व्यवसाय चालने वाली ''प्रिया'' हो, अध्यापिका ''वसुधा'' हो या दूसरों के घर काम करने वाली ''अनारो'' हो। अनारो यद्यपि निर्धन है, लेकिन आत्मसम्मान की भावना उसमें किसी से कम नहीं। स्त्री-आकांक्षा का यह पहलू ''अनारो'' के चरित्र में बहुत विश्वसनीय ढंग से साकार हुआ है :

''उसकी तेज़ जुबान भी तो गुरबत की कड़ी मार खाकर कुन्द नहीं पड़ी। कहीं कुछ थोड़ा-सा आत्मसम्मान भी बचा पड़ा था, जो अपमान की चोट लगते ही, पत्थर की रगड़ खाकर, तेज़ हुए चाकू की मनिन्द, उसकी जुबान को और भी पैनी और बेधक बना देता। तब फिर सामने चाहे कोठी वाली बीबीजी हों, चाहे बाज़ार का बनिया, वह ऐसी सुनाती कि बाकी उठा ही नहीं रखती। चाहे नौकरी जाये, चाहे बनिये की उधारी, सुना तो देती ही अनारो।''[8]

स्वातन्त्र्योत्तर भारतीय नारियाँ घर की चारदीवारी या रसोईघर तक अपने को सीमित रखना नहीं चाहती हैं, राष्ट्रीय और सामाजिक जीवन की मुख्यधारा में शामिल होकर वह अपने लिए, समाज के लिए और राष्ट्र के लिए पूर्ण स्वाधीनता चाहती हैं। समाज और राष्ट्र की वास्तविक स्वाधीनता प्राप्त करने का एक मुख्य साधन है—"राजनीति" और इस धरातल पर नारियाँ पूरी तरह जागरूक और सक्रिय हैं। विश्वविख्यात चिन्तक "टॉमस मान" की यह मान्यता बीसवीं शताब्दी के सामाजिक जीवन के बारे में बिल्कुल सही प्रतीत होती है कि हमारे समय में मानव-नियति अपने को राजनीति की शब्दावली में प्रकट करती है। इस राजनीतिक सक्रियता के द्वारा भारतीय नारियों ने स्वयं को आधुनिक मनुष्य के रूप में पेश किया है। "इदन्नमम" की नायिका "मंदा" दलितों की राजनीति की पक्षधर है और गाँवों के कल्याण के लिए वह ग्रामीण जनता का नेतृत्व करती है। वह गाँव-गाँव जाकर भाषण देती है, ग्रामीण जनता को अपने अधिकारों के प्रति जागरूक बनाती है, चुनावी राजनीति और नेताओं की जालसाजी का भण्डाफोड़ करती है, क्रैशर-मालिकों के खिलाफ़ मजदूरों की माँगों का समर्थन करती है और उसके लिए धरना देती है। वस्तुतः मंदा का लक्ष्य है एक "सम्पूर्ण राजनीति" जिसके द्वारा बेहतर मानवीय-जीवन सम्भव हो सके। हालाँकि यह एक विचारणीय तथ्य है कि राजनीतिक गतिविधियों का नेतृत्व अपने हाथ में लेने के कारण मंदा का स्वाभाविक चरित्र काफ़ी उलझ गया है और "बऊ" जैसा विश्वसनीय चरित्र के रूप में वह उभर नहीं पाती और जैसा कि "डॉ निर्मला जैन" ने ठीक ही संकेत किया है कि :

मंदा को वंचितों के अधिकारों की लड़ाई का सरगना बनाकर मैत्रेयी ने उसके चरित्र को सामाजिक सरोकार का जो अतिरिक्त आयाम देने की कोशिश की है , वह उपन्यास के मूल कथ्य में क्षेपक जान पड़ती है—उपन्यास की सहज बनावट में पैबन्द।"[9]

लेकिन इतना तो स्पष्ट है कि मंदा भारतीय समाज में नारियों की बदलती हुई मानसिकता का संकेत करती है। वह "माँ", "पत्नी", "बहन", देवरानी, सास आदि सम्बन्धों के पारम्परिक ढाँचे से सन्तुष्ट होने वाली नहीं है। वह नेतृत्व करना चाहती है और राजनीतिक प्रक्रिया के माध्यम से सामाजिक परिवर्तन लाना चाहती है। स्वतन्त्रता पूर्व की परम्परागत भारतीय स्त्रियाँ ऐसा सोच भी नहीं सकती थीं।

आर्थिक आत्मनिर्भरता स्वातन्त्रयोत्तर भारतीय नारियों का केन्द्रीय सरोकार रहा है। राष्ट्र की स्वाधीनता, महानगरों के विकास और महिलाओं के लिए रोज़गार के नये-नये अवसर—इन सब चीज़ों ने मिलकर भारतीय समाज में एक स्वतन्त्र

नौकरीपेशा महिला-वर्ग का अस्तित्व सम्भव बनाया और तभी से भारतीय समाज में महिलाओं की एक स्वतन्त्र वर्गीय पहचान सम्भव हो पायी। छठे-सातवें दशक में भारतीय समाज में नारी-मुक्ति आन्दोलन का दूसरा दौर प्रारम्भ होता है, जब स्त्रियाँ अनेक व्यापारिक संगठनों, सहकारी समितियों और रचनात्मक कार्यों को प्रोत्साहित करने वाली संस्थाओं का गठन करती हैं। नारी मुक्ति आन्दोलन के इस चरण में नारियाँ न सिर्फ़ कला-कर्म को स्वतन्त्र पेशे के रूप में अपनाती हैं, बल्कि शिक्षा, प्रशासन, सामाजिक कार्य, राजनीति, पत्राकारिता और स्वतन्त्र व्यावसायिक उद्यम को भी अपने ''कैरियर'' के रूप में चुनती हैं। अब तो सेना, पुलिस, विमान चालन आदि नये क्षेत्राों में भी इन्होंने प्रवेश करना प्रारम्भ कर दिया है। विमान-परिचारिका, सेल्स-गर्ल तथा रंगमंच और फ़िल्मों में अभिनेत्री के रूप में भी आज की नारियाँ प्रमुखता से पायी जाती हैं। नारी मुक्ति आन्दोलन के इस दूसरे चरण का भारतीय नारियों के जीवन पर आमूल परिवर्तनकारी प्रभाव पड़ा और इसने भारतीय साहित्य में महिला रचनाकारों की एक सशक्त पीढी को जन्म दिया। हिन्दी में कृष्णा सोबती, मन्नू भण्डारी, उषा प्रियंवदा, राजी सेठ, मृदुला गर्ग, प्रभा खेतान, चित्रा मुद्‌गल आदि इसी कालखण्ड की उपज हैं। भारतीय नारियों के जीवन में आने वाली इस सांस्कृतिक और सामाजिक जागरण के सम्बन्ध में ''लक्ष्मी होमस्ट्रॉम'' की बात पूरी तरह युक्तिसंगत लगती है कि :

''सातवें दशक में नारी-जागरण के दूसरे दौर को स्पष्टतः लक्षित किया जा सकता है जब झोपड़पट्टीवासियों तथा जनजातीय लोगों को संगठित करने के लिए अनेक स्त्रियाँ, व्यापारिक संघों और सहकारी समितियों की स्थापना में मदद करती हैं। इस बीच महिलाओं की शिक्षा तथा विभिन्न प्रकार के कामों में लगी हुई स्त्रियों की संख्या में तेजी से वृद्धि हुई है। अनेक नवोदित महिला रचनाकार इस सक्रिय परिवेश की उपज हैं।''[10]

महिलाओं के नौकरीपेशा होने के कारण पारिवारिक ढाँचे में ज़बरदस्त परिवर्तन उपस्थित होता है और इसके कारण स्त्री तथा पुरुष का आपसी सम्बन्ध सबसे अधिक प्रभावित होता है। स्त्री-पुरुष सम्बन्ध का पुराना ढाँचा क्षतिग्रस्त हो जाता है और स्त्रियाँ अब पुरुषों के सामने अपने हक का दावा पेश करती हैं। इसका नतीजा यह होता है कि स्त्री और पुरुष का सम्बन्ध, जो पहले समर्पण का था, अब प्रतियोगिता और चुनौती का हो जाता है। अपने स्वतन्त्र व्यक्तित्व और स्वतन्त्र आकांक्षाओं के कारण स्त्री-पुरुष एक-दूसरे के सामने चुनौती देते हुए खड़े हो जाते हैं। मोहन राकेश के प्रसिद्ध उपन्यास ''अँधेरे बन्द कमरे'' में नौकरीपेशा स्त्री की आकांक्षाओं और स्त्री-पुरुष के तनावपूर्ण सम्बन्धों का चित्रण

गहरी संवेदनशीलता के साथ किया गया है। नीलिमा "नृत्य" को अपने कैरियर के रूप में अपनाकर उसके माध्यम से अपने स्वतन्त्र व्यक्तित्व की अभिव्यक्ति चाहती है। अपने पति हरबंस के साथ उसका संवाद उसकी महत्त्वकांक्षा को पूरी तरह उजागर करता है :

"बंस, मैं हमेशा-हमेशा के लिए तुम्हारे और केवल तुम्हारे ही पास रहना चाहती हूँ। मगर मैं केवल खा-पीकर और घूमकर सन्तुष्ट नहीं हो सकती। मैं अपने लिए उसके अलावा भी कुछ चाहती हूँ। मैं नहीं जानती कि मैं एक अच्छी कलाकार बन सकती हूँ या नहीं, लेकिन मैं बनना ज़रूर चाहती हूँ। मैं उसके लिए जितनी मेहनत हो सके, उतनी मेहनत करना चाहती हूँ। ...मैं इस रास्ते पर इतना बढ़ आयी हूँ कि अब मैं लौटकर उस तरह की गृहस्थिन नहीं बन सकती जैसी कि तुम मुझे देखना चाहते हो।"[11]

दरअसल नीलिमा स्वातन्त्र्योत्तर भारत की उस महिला वर्ग का प्रतिनिधित्व करती है जो सम्बन्धों के लिए अपने "कैरियर" का बलिदान करने को तैयार नहीं है। वह कहती है :

"मैं यह अच्छी तरह जानती हूँ कि मैं नाचने के बिना नहीं रह सकती। ...मैं नहीं चाहती कि मेरा शरीर थल-थल हो जाये और मैं अभी से बूढ़ी लगने लगूँ। मुझे बुढ़ापे से बहुत डर लगता है और मैं कम से कम दस साल और ऐसे ही बनी रहना चाहती हूँ।...लंदन से आने के बाद मैं अरुण की वजह से एक शो भी नहीं दे सकी। मुझे यह सोचकर डर लगता है कि मैं ऐसे ही बूढ़ी होकर मर जाऊँगी और लोग यह जानेंगे भी नहीं कि मैं भी कभी थी और...मैं मरने से पहले एक बार खूब नाम कमाना चाहती हूँ।"[12]

यश और प्रतिष्ठा की यह कामना केवल "नीलिमा" को ही नहीं है, बल्कि हमारे समाज की हर आधुनिक और महत्त्वाकांक्षी स्त्री नाम कमाना चाहती है, चाहे इसके साधन अलग-अलग हों। "प्रभा खेतान" के उपन्यास "छिन्नमस्ता" की नायिका "प्रिया" भी यश और प्रतिष्ठा चाहती है, इसलिए वह अपने "कैरियर" के प्रति काफ़ी सतर्क दिखायी देती है। वह अपने पति नरेन्द्र की इस बात को मानने से इनकार कर देती है कि वह अपना व्यवसाय छोड़ दे। वह अपने पति, पुत्र, ससुराल सब कुछ छोड़ देती है, लेकिन अपना व्यवसाय छोड़ने के लिए वह कतई तैयार नहीं है, क्योंकि उसके साथ प्रिया की "आइडेंटिटी" जुड़ी हुई है। वह अपने पति नरेन्द्र से कहती है :-

"नरेन्द्र मैं व्यवसाय रुपये के लिए नहीं कर रही। हाँ चार साल पहले जब मैंने पहले-पहल काम शुरू किया था, मुझे रुपयों की भी ज़रूरत थी।

पर आज मेरा व्यवसाय मेरी आइडेंटिटी है। यह आये दिन की विदेशों की उड़ान यह मेरी ज़िन्दगी के कैनवास को बड़ी करती है। नित्य नये लोगों से मिलना-जुलना, जीवन के कार्य-जगत को समझना। मुझे ज़िन्दगी उद्‌देश्यहीन नहीं लगती।''[13]

''अन्धेरे बन्द कमरे'' की ''नीलिमा'', ''छिन्नमस्ता'' की ''प्रिया'', ''तत्सम'' की ''वसुधा'' ये सभी नारियाँ अपने पेशे को लेकर सजग और प्रतिबद्ध हैं। यह बात दीगर है कि इन सभी नारियों के पेशे की प्रकृति अलग-अलग है। ''नीलिमा'' नृत्यांगना है, ''प्रिया'' व्यवसायी है और ''वसुधा'' अध्यापिका है। लेकिन इन भिन्न-भिन्न पेशों मे काम करने वाली नारियों को जोड़ने वाला एकमात्र सरोकार है...अपने-अपने ''कैरियर'' के प्रति इनकी प्रतिबद्धता जो स्वातन्त्र्योत्तर भारतीय समाज में स्त्री-अकांक्षा के एक अन्य पहलू का संकेत करता है। लेकिन इन नौकरीपेशा महिलाओं को पारिवारिक और सामाजिक स्वीकृति के लिए काफ़ी संघर्ष करना पड़ता है और तब भी स्वीकृति उन्हें बहुत मुश्किल से मिल पाती है। सबसे पहली चुनौती इन्हें अपने ही परिवार वालों की झेलनी होती है और विशेषतः पुरुषों की क्योंकि कोई भी पुरुष सामान्यतया उस स्त्री को स्वीकार करने के लिए तैयार नहीं होता, जो उसे चुनौती दे सकती हो। यही कारण है कि ''नीलिमा'' और ''प्रिया'' जैसी स्त्रियों का दाम्पत्य जीवन गहरे तनाव और कशमकश से भरा हुआ है। सच तो यह है कि पुरुष अपनी स्त्री का उत्थान वहीं तक चाहता है, जहाँ तक उसके व्यक्तित्व को कोई ठेस न पहुँचे और उसकी सामाजिक प्रतिष्ठा बरकरार रहे। लेकिन ज्यों ही पुरुष के ''प्रभुत्व'' की भावना को ठेस पहुँचती है, नारियों को इसकी क़ीमत चुकानी पड़ती है। इसी कारण ''नीलिमा'' और ''प्रिया'' दोनों असफल दाम्पत्य जीवन का शिकार होती हैं। नीलिमा और हरबंस जहाँ छीजते हुए दाम्पत्य सम्बन्ध के बीच तनावपूर्ण जीवन व्यतीत कर रहे है, वहीं प्रिया को अपने पति, पुत्र और ससुराल यानी तमाम सामाजिक सम्बन्धों को छोड़ना पड़ता है। पति और पत्नी के इस तल्ख़ सम्बन्ध को नीलिमा और हरबंस के संवादों में स्पष्ट तौर पर देखा जा सकता है :

तुम सिर्फ़ इस हीन भावना के शिकार हो कि लोग मुझे तुमसे ज़्यादा जानते हैं। तुम्हें यह बात खा जाती है कि लोग तुम्हारी चर्चा नीलिमा के पति के रूप में करते हैं। तुम्हें डर लगता है कि अगर मेरा प्रदर्शन सफल हुआ तो लोग मुझे और ज़्यादा जानने लगेंगे और तुम अपने को और छोटा महसूस करोगे। यही चीज़ है जो तुम्हारे गले से नहीं उतरती और इसलिए तुम चाहते हो कि किसी तरह यह आयोजन सफल न हो जिससे तुम बाद में मेरा मज़ाक उड़ा सको और अपने पर गुमान कर सको।''[14]

टूटते-बिखरते पारिवारिक ज़िन्दगी के लगातार ऊष्माहीन होते जाने की स्थिति "प्रिया" को भी बेचैन करती है। सम्बन्धों से जब लगाव ख़त्म हो जाता है, तब वह कितना व्यर्थ और अप्रासंगिक हो जाता है, यह प्रिया के संवादों से आसानी से समझा जा सकता है। प्रिया के लिए उसका व्यवसाय, उसका जीवन अर्थहीन हो चुके सम्बन्धों से कहीं अधिक मूल्यवान है और वह परम्परागत भारतीय नारी की तरह एकतरफ़ा समपर्ण में विश्वास नहीं रखती है। वह कहती है :

"मैं संजू के सहारे ज़िन्दगी नहीं बिता सकती। न ही पति या बेटा या "प्रेम" ही ज़िन्दगी के सहारे हो सकते हैं। इनके साथ-साथ चलते हुए कठिन मुकामों को पार करने में आसानी ज़रूर होती है, राहत मिलती है, मन को सुकून होता है कि चलो कोई साथ है। लेकिन वे यदि साथ न दें तब क्या एकतरफ़ा आहुति भी देते चलो और सफर भी तय करो?"[15]

दूसरों के द्वारा दिये गये आधे-अधूरे समाधान की जगह स्वयं अपने लिए स्वतन्त्र जीवन मूल्य और जीवन-सिद्धान्तों की खोज स्वातन्त्र्योत्तर भारतीय नारियों की आकांक्षा का एक प्रमुख बिन्दु रहा है। परम्परागत संस्थान स्वतन्त्र जीवन मूल्यों का विरोध करते हैं और सहज स्वभाविक जीवन को अवरुद्ध करते हैं। "अज्ञेय" के प्रसिद्ध उपन्यास 'शेखर : एक जीवनी' का नायक शेखर भी इसी कारण तमाम तरह की सांस्थानिकता का निषेध करते हुए अपने लिए सार्थक जीवन की खोज करता है। 'समाज' से शेखर की शिकायत है कि समाज टाइप बनाता है, व्यक्ति नहीं। भारतीय नारियाँ भी अपने को 'टाइप' बनाये जाने का विरोध करती हैं। इसी कारण 'तत्सम' की नायिका 'वसुधा' वैवाहिक सम्बन्धों को चुनौती देती है और उसे व्यर्थ मानती है क्योंकि यह जीवन को किसी भी प्रकार की सार्थकता नहीं देती :

"किसलिए यह रक्षा के बंबू? ...किसलिए पहरेदारों के लिए विज्ञापन ...किसलिए पात्र-कुपात्र के कन्धों पर लदकर दुनिया देखने की लाचारी। इस तरह जो मिलेगा उससे क्या सधेगा? किस बात से रक्षा होगी?...किसी न किसी के साथ बाँध देने की मजबूरी। ...किसलिए ज़रूरी है कुत्ते की तरह गले में पड़ा स्वामित्व का पट्टा। मात्र पट्टा। क्या करेगा उन सम्बन्धों को जो न सार्थकता दे सकते हैं, न साहचर्य के सत्व की पहचान।"[16]

वसुधा औरत के व्यवसायीकरण के पूरी तरह खिलाफ़ है। वह संस्था जो औरत को स्वतन्त्र ज़िन्दगी नहीं देती, उसे 'वस्तु' के रूप में बदल देती है, उसके खिलाफ उसका आक्रोश काफ़ी गहरा है। अपने इस आक्रोश को वह इन शब्दों में व्यक्त करती है :

"नाम अलग-अलग हैं लोभ वही के वही। एक आये थे उन्हें बच्चों की माँ चाहिए थी। दूसरे को तगड़े वेतन वाली कमाऊ औरत। उन्हीं में से किसी एक को निवृत्ति के बाद समयकाटू जिन्स की ज़रूरत थी, और किसी एक को अपनी देह की चुप्पी को आजमा लेने की हौंस।

लोग आते हैं। जाते हैं। नापते हैं। तोलते हैं। कौंचते हैं। लहूलुहान करते हैं। और तो और पुरुष-प्रभु सजगता में फ़ैसले का अधिकार भी अपना ही समझते हैं।"[17]

प्रिया औरतों की पारम्परिक ज़िन्दगी को अर्थवान नहीं मानती है और न ही वैसी ज़िन्दगी की कामना अपने लिए करती है। उसकी आकांक्षा पुरुषों की तरह स्वाधीन होने की है। उसका यह आत्मसंवाद स्त्री-आकांक्षा के एक अन्य स्तर का भी उद्घाटन करता है, जो न सिर्फ़ प्रिया की आकांक्षा है बल्कि स्वातन्त्र्योत्तर भारतीय नारी की सामान्य इच्छा है—स्वतन्त्र जीवन जीने की इच्छा।

"एक बात बड़ी गहन मन में बैठती जा रही थी।...नहीं मुझे अम्मा की तरह नहीं होना, कभी नहीं। भाभी की घुटन भरी ज़िन्दगी की नियति मैं कदापि स्वीकार नहीं कर सकती। मैं अपने जीवन को आँसुओं में नहीं बहा सकती।... अम्मा, जीजी, भाभीजी, ताई, चाचियाँ, यहाँ तक कि मेरी शिक्षिकाएँ भी, जिनकी ओर मैंने बड़ी ललक से देखा, जिनको मैंने क्रान्तिचेता पाया था वे भी तो उसी समन्दर को अपने-अपने आँसुओं से भरती चली जा रही थीं। क्यों नहीं लड़कियाँ वैसे ही खिलखिलाकर हँसती, मदमस्त, जैसे कॉलेज में लड़के हँसते हैं?"[18]

"इदन्नमम" की कुसुमा भी वैवाहिक सम्बन्ध की व्यर्थता को स्वीकार करती है और पारम्परिक समर्पण और एकनिष्ठता की भावना को पुरुषों के द्वारा सृजित बन्धन मानती है। यद्यपि वह ग्रामीण नारी है लेकिन उसमें पारम्परिक स्त्रीत्व की झलक नहीं है, अपितु वह काम-सम्बन्धों को जीवन की अनिवार्य ज़रूरत के रूप में स्वीकार करती है। इस सम्बन्ध में बऊ यदि स्त्रीत्व की पुरानी अवधारणा की समर्थक हैं तो प्रेम, कुसुमा और मंदा के लिए मर्यादा और बन्धन अर्थवान नहीं है। कुसुमा और मंदा के लिए 'काम' का प्रश्न नैतिकता का नहीं है, बल्कि मानवीय संवेदना का है। इसलिए उनके मन में किसी प्रकार का अपराधबोध भी नहीं है। कुसुमा अपने पति 'यशपाल' की अमानवीयता से आहत होकरे अपने छोटे ससुर अमरसिंह से प्यार करने लगती है और उसके द्वारा उत्पन्न सन्तान को बिना किसी अपराधभाव के स्वीकार करती है। मंदा के साथ कुसुमा का संवाद उसकी जीवनदृष्टि को स्पष्ट कर देता है :

"बिन्नू, हमें एक बात समझाओ, अरथाओ कि ये रिस्ते-नाते सम्बन्ध और मरजाद किसने बनायी। किसने सिरजी है रीत? जो नाम लेती हो उनने? रिसियों मुनियों ने? देवताओं ने कि राच्छसों ने?"

"भाभी ये रीति-रिवाज तो उन्होंने ही बनाये हैं, जिनने ये किताबें लिखी हैं।"

"गलत बनायी हैं मंदा। एकदम पच्छपात से रची हैं।"

बताओं तो अग्नि साच्छी धरकें गांठ बाँधने का क्या मलतब? पति और पत्नी को साथी-सहचर कहें तो बिरथा है कि नहीं? लो, एक तो खूँटे से बाँधा पाँगुर दूसरा सरग में उड़ता पंछी! ढोर और पंछी सहचर नहीं हो सकते मंदा..."[19]

कृष्णा सोबती के चर्चित उपन्यास "मित्रो मरजानी" की नायिका मित्रो भी 'सेक्स' को जीवन की अनिवार्यता मानती है। उसमें काम-सम्बन्धों के प्रति एक खुलापन मिलता है। उसे आदर्श का कोई मोह नहीं है, न समाज का भय है और न परिवार का। वह हाड-मांस से बनी एक सामान्य औरत है, जो शारीरिक आवश्यकता को जीवन की ज़रूरत मानती है। यद्यपि मित्रो नारीत्व की पुरानी अवधारणा को झटके के साथ तोड़ देती है, लेकिन उसका सम्पूर्ण विद्रोह सिर्फ़ काम-सम्बन्धों को लेकर है। सेक्स के अलावा भी नारी की सार्थकता के मुद्दे हो सकते हैं, यह मित्रो के चरित्र में कहीं नजर नहीं आता है। इस प्रकार मित्रो स्त्री-आकांक्षा के एक आयाम का उद्घाटन ज़रूर करती है, लेकिन वह बहुत सीमित अयाम है। स्वतन्त्रता पूर्व की नारी के लिए जहाँ घर की देहरी, मर्यादा एकनिष्ठता, समर्पण आदि महत्त्वपूर्ण थे, आधुनिक नारी इन बन्धनों को व्यर्थ मानते हुए अपने लिए सहज और मुक्त जीवन वरण करना चाहती है। पारम्परिक भारतीय नारियों में जहाँ काम-सम्बन्धों के प्रति एक प्रकार का अपराध-बोध मिलता है, आधुनिक नारियों के दृष्टिकोण में देहराग की सहज स्वीकृति है।

इस प्रकार स्वाधीनता आन्दोलन के दौरान तथा बाद में भारत में नारी-मुक्ति के विभिन्न आन्दोलनों के द्वारा एक नये प्रकार की स्त्री का जन्म होता है—जो आधुनिक है, शिक्षित है, अपने कैरियर के प्रति जागरूक है, पारम्परिक संस्थाओं के बन्धनों को अस्वीकार करती है और अपनी शर्तों पर जीवन जीना चाहती है।

संस्थानों के विविध रूपों से लड़ते हुए एक आधुनिक और स्वाधीन स्त्री की विकास यात्रा बहुत उलझी हुई और उतार चढ़ावों से भरी हुई रही है। स्वातन्त्र्योत्तर भारतीय समाज में नारियों के सपने, महत्त्वकांक्षा और चरम सम्भावनाओं का प्रतीक है : चाँद। दरअसल 'चाँद' के माध्यम से नारियाँ अपने लिए एक पूर्णतः मुक्त और स्वाधीन जीवन चाहती हैं और यह कामना न सिर्फ़ 'मुझे चाँद चाहिए' उपन्यास की नायिका वर्षा वशिष्ठ की है, बल्कि स्वातन्त्र्योत्तर भारतीय समाज में स्त्री-आकांक्षा का केन्द्रीय स्वरूप यही है। 'छिन्नमस्ता' की नायिका 'प्रिया' के इस संवाद में स्त्री-आकांक्षा का यह स्वरूप पूरी तरह उद्घाटित हुआ है :

"लेकिन बढ़ती हुई उम्र के बावजूद मेरी ज़िन्दगी में अब भी कुछ सपने बचे हैं, ताजा फूलों के रस में डूबे हुए, शहद की तरह मीठी, ओस से भीगे गुलाब की खुशबु से तर, भोर के आकाश की तरह नीले और स्वच्छ। हाँ, मेरी ज़िन्दगी के सपने मेरे अपने हैं। केवल रोमांस के ही सपने नहीं हुआ करते और न प्यार के जुनून से ही ज़िन्दगी का हर खाली कोना भर जाता है। ...मेरा मन है मैं अकेली सारा हिन्दुस्तान घूमूँ। मेरा मन करता है, मैं किसी आदिम शहर की अकेली यात्रा करूँ। उन आदिम गुफाओं में अंकित स्त्री-मूर्तियों से पूछूँ—क्या तुमने भी वही दर्द झेला है जो हम झेल रही हैं?"[20]

सन्दर्भ

1. सीमान द बोउआर, स्त्री उपेक्षिता ('द सेकेंड सैक्स' का प्रभा खेतान द्वारा अनुपाद), पृ. 343
2. उपर्युक्त, पृ. 327
3. डॉ. निर्मला जैन, कथा और नारी सन्दर्भ, हंस, जुलाई 1994, पृ. 40
4. मैत्रेयी पुष्पा, इदन्नमम, पृ. 52-53
5. आशापूर्ण देवी, प्रथम प्रतिश्रुति, पृ. 477
6. मुजुल भगत, अनारों, पृ. 85
7. आशापूर्णा देवी, सुवर्णलता, पृ. 38-39
8. मंजुल भगत, अनारो, पृ. 20-21
9. डॉ. निर्मला जैन, कथा और नारी सन्दर्भ, हंस, जुलाई 1994, पृ. 42
10. "A second wave of the Women's movement can be clearly seen in the Seventies when many women helped to found trade unions and Co-operatives to organise Slum-dwellers and tribal people. Meanwhile there has been a rapid growth in Women's education and numbers of women in all forms of work. Many of the younger women writers are part of this activist ambience." Laxmi Holmsstrom (Ed.) 'The Inner Courtyard', Page-XI
11. मोहन राकेश, अँधेरे बन्द कमरे, पृ. 157-58
12. उपर्युक्त, पृ. 189
13. प्रभा खेतान, छिन्नमस्ता, पृ. 10-11
14. अँधेरे बन्द कमरे, पृ. 256
15. छिन्नमस्ता, पृ. 170
16. राजी सेठ तत्सम, पृ. 116
17. उपर्युक्त, पृ. 106-107
18. छिन्नमस्ता, पृ. 114
19. इदन्नमम, पृ. 87-88
20. छिन्नमस्ता, पृ. 223

द्वितीय अध्याय

कथेतर गद्य और स्त्री प्रश्न

स्वाधीनता आन्दोलन भारतीय समाज की बनावट का नियामक बन्दु रहा है। स्वतन्त्रता के बाद न सिर्फ़ देश का भौगोलिक परिदृश्य बदलता है, बल्कि सम्पूर्ण भारतीय समाज परिवर्तन गहरे उथल-पुथल के दौर से गुजरता है। इस दौरान राष्ट्रीय परिदृश्य अनेक प्रकार के विरोधाभासों से निर्मित होता है। राष्ट्र का विभाजन, बड़े पैमाने पर साम्प्रदायिक दंगे, भीषण नरसंहार, गाँधी की हत्या जैसी घटनाएँ गहरी निराशा और मोहभंग पैदा करती हैं तो दूसरी ओर राष्ट्रीय नवनिर्माण और समतामूलक समाज के विकास का स्वप्न मनुष्य के दिलो दिमाग़ में नयी उमंगें पैदा करता है। 15 अगस्त 1947 की सुबह आजादी और विभाजन की अन्तर्विरोधी वास्तविकता के साथ इस उपमहाद्वीप पर उतरी। गाँधी और नेहरू दोनों ही भारतीय समाज की इन परस्पर विरोधी भावनाओं का प्रतिनिधित्व कर रहे थे। गाँधी अपनी प्रार्थनाओं के जरिए अँधेरे की शक्तियों का, साम्प्रदायिकता का, खूनी संघर्ष, हत्याओं, अपहरणों और बलात्कारों का प्रतिकार कर रहे थे, तो नेहरू की आँखें क्षितिज पर उभर रहे प्रकाश पर टिकीं थी, जहाँ स्वतन्त्र भारत का उदय हो रहा था। 15 अगस्त 1947 को राष्ट्र को सम्बोधित करते हुए नेहरू ने इन कवित्वपूर्ण शब्दों में राष्ट्रीय नवनिर्माण की बात को सामने रखा था–

"वर्षों पहले हमने नियति के साथ एक करार किया था और अब वह समय आ रहा है जब हम उस प्रतिज्ञा को समग्र रूप में या पूरी तौर पर न सही, काफ़ी दूर तक पूरा करेंगे। रात के बारह बजे जबकि दुनिया नींद की गोद में होती है, भारत नये जीवन और स्वतन्त्रता में प्रवेश करेगा।"

मोहभंग और सपना, निराशा और नवनिर्माण की यह अन्तर्विरोधी मानसिकता स्वातन्त्र्योत्तर भारतीय समाज का बुनियादी स्वभाव रहा है। बीसवीं सदी के

प्रतिनिधि उर्दू शायर डॉ. फैज़ अहमद फैज़ ने स्वतन्त्रता के इस अन्तविरोंधी स्वरूप को स्टीक रूप से रेखांकित करते हुए उसे 'दागदार उजाला' की संज्ञा दी है। यह विरोधाभास रचनात्मक स्तर पर भी स्पष्ट रूप से दिखाई पड़ता है। यही कारण है कि स्वातन्त्र्योत्तर हिन्दी साहित्य में स्पष्टतः दो प्रवृत्तियाँ उभरती हैं। एक ओर राष्ट्र विभाजन की बेचैनी, साम्प्रदायिक उन्माद और मोहभंग का स्वर सुनायी पड़ता है, तो दूसरी ओर राष्ट्रीय नवनिर्माण का स्वप्न और वैयक्तिक स्वाधीनता की तीव्र आकांक्षा भी दिखायी पड़ती हैं।

राष्ट्रीय नवनिर्माण की योजनाओं ने भारतीय समाज को गहरे स्तर पर प्रभावित किया। स्वातन्त्र्योत्तर भारत में सबसे अहम मुद्दा आर्थिक नियोजन का हो गया। विभिन्न पंचवर्षीय योजनाओं, बड़े पैमाने पर औद्योगिकरण और महानगरों विकास ने भारतीय समाज की परम्परागत संरचना को पूर्णतः बदल दिया। काफ़ी संख्या में स्त्रियाँ नौकरी में आने लगीं और इस प्रकार सामाजिक सम्बन्धों का पुराना समीकरण टूटने लगा और नया सम्बन्ध विधान विकसित हुआ। स्त्री-पुरुष का सम्बन्ध अब पहले जैसा समपर्ण और त्याग का न होकर साझेदारी और बराबरी का हो गया। स्त्रियाँ पुरानी सामाजिक मान्यताओं को चुनौती देने लगीं और इस तरह से उन नयी स्त्रियों का जन्म हुआ, जो पारम्परिक समर्पण और बलिदान की भावना से सन्तुष्ट न होकर अपने स्वतन्त्र व्यक्तित्त्व का विकास चाहती थीं। इन स्त्रियों की अपनी मान्यताएँ, आकांक्षाएँ और सपने हैं और उनकी एक स्वतन्त्र अस्मिता है। स्वातन्त्र्योत्तर हिन्दी साहित्य का एक प्रमुख सरोकार स्त्री-आकांक्षा के इस नये स्वरूप का उद्घाटन और स्त्री-पुरुष के बीच विकसित होने वाले नये सम्बन्ध-विधान की तलाश है। अज्ञेय, मोहन राकेश, कमलेश्वर, राजेन्द्र यादव, निर्मल वर्मा, सुरेन्द्र वर्मा और स्त्री-रचनाकारों में कृष्णा सोबती, ऊषा प्रियंवदा, मन्नु भण्डारी, मृदुला गर्ग, राजी सेठ, प्रभा खेतान आदि की रचनाएँ मुख्यतः स्त्री-पुरुष सम्बन्धों पर केन्द्रित हैं।

साठोत्तरी हिन्दी साहित्य में मोहन राकेश के नाटक स्त्री-पुरुष के जटिल होते सम्बन्धों और उनके बीच पनप रहे असन्तोष और विश्वास की कमी को बेबाक़ी से अभिव्यक्त करते है। उनके नाटक मुख्य रूप से छठें-सातवें दशक के दौरान लिखे गये जिसमें स्वातन्त्रयोत्तर भारतीय समाज में स्त्री-पुरुष के सम्बन्धों के बदलते हुए स्वरूप को आसानी से महसूस किया जा सकता है। उनके तीनों प्रमुख नाटक-आषाढ़ का एक दिन (1958), लहरों के राजहंस (1963), आधे-अधूरे (1969)

मूलतः स्त्री-पुरुष सम्बन्धों पर केन्द्रित रचनाएँ हैं जिसमें पहले दो नाटक ऐतिहासिक कथावस्तु पर आधारित हैं एवं 'आधे-अधूरे' समकालीन जीवन स्थितियों पर लेकिन ऐतिहासिक कथासूत्र पर आधारित होने के बावजूद इन नाटकों का मूल उद्‌देश्य ऐतिहासिक पुनराख्यान नहीं है बल्कि समकालीन जीवन सन्दर्भों के बीच स्त्री-पुरुष सम्बन्धों की तलाश ही है। अपने सभी नाटकों में राकेश ने पूर्णता की तलाश में भटकती हुई भारतीय स्त्री की पीड़ा और बेबसी को पूरी संवेदनशीलता के साथ दर्शाया है। यही कारण है कि पुरुष पात्रों की अपेक्षा उनके स्त्री पात्र अधिक सशक्त एवं जीवंत हैं। 'आषाढ़ का एक दिन की' मूलकथा यद्यपि कालिदास और मल्लिका के रोमानी प्रेम पर आधारित है, लेकिन अपने जीवन की विडम्बना को मूर्त करने वाली मल्लिका हमारी संवेदना पर अमिट छाप छोड़ती है। मल्लिका असाधारण भावनात्मक लगाव के साथ कालिदास को चाहती है बिना किसी प्रतिदान के, लेकिन जब उसे पता चलता है कि कश्मीर में सम्राट के निधन के उपरांत उत्पन्न अराजकता के कारण कालिदास ने संन्यास ले लिया है, तो उसकी आत्मा को गहरी ठेस लगती है। जिस मल्लिका ने कालिदास की सफलता के लिए अपने जीवन को दाँव पर लगा दिया, उसे उसकी पलायन वृत्ति उदासी से भर देती है। कालिदास के साथ अपने वार्तालाप में वह कहती है कि यद्यपि उसके जीवन में मल्लिका का महत्त्वपूर्ण स्थान भले न हो, मल्लिका का जीवन हमेशा कालिदास केन्द्रित ही रहा। उसकी उपलब्धि में वह अपनी उपलब्धि और सार्थकता ढूँढती रही। अतः आज सत्ता के शीर्ष पर पहुँचकर जीवन से संन्यास लेकर वह मल्लिका की अस्मिता को समाप्त नहीं कर सकता :

मल्लिका : "मैं यद्यपि तुम्हारे जीवन में नहीं रही, परन्तु
तुम मेरे जीवन में सदा बने रहे हो। मैंने
कभी तुम्हें अपने से दूर नहीं होने दिया।
तुम रचना करते रहे और मैं समझती रही
कि मैं सार्थक हूँ, मेरे जीवन की भी कुछ
उपलब्धि है।

ग्रन्थ को घुटनों पर रख लेती है

और आज तुम मेरे जीवन को इस तरह
निरर्थक कर दागे?

ग्रन्थ को आसन पर रखकर उद्विग्न दृटि से उसकी ओर देखती रहती है।

तुम जीवन से तटस्थ हो सकते हो, परन्तु
मैं तो अब तटस्थ नहीं हो सकती। क्या जीवन
को तुम मेरी दृटि से देख सकते हो?
जानते हो मेरे जीवन के ये वर्ष कैसे
व्यतीत हुए हैं? मैंने क्या-क्या देखा है?
क्या से क्या हुई हूँ मैं?

उठकर अन्दर का किवाड़ खोल देती है और पालने की ओर संकेत करती है।

इस जीव को देखते हो? पहचान सकते हो?
यह मल्लिका है जो धीरे-धीरे बड़ी हो रही है
और माँ के स्थान पर अब मैं इसकी देख-भाल
करती हूँ।... यह मेरे अभाव की संतान है।
जो भाव तुम थे, वह दूसरा नहीं हो सका, परन्तु
अभाव के कोष्ठ में किसी दूसरे की न जाने
कितनी-कितनी आकृतियाँ हैं। जानते हो
मैंने अपना नाम खोकर एक विशेषण
उपार्जित किया है और अब मैं अपनी दृष्टि
में नाम नहीं केवल विशेषण हूँ।

× × ×

मैंने अपने भाव के कोष्ठ को रिक्त नहीं होने दिया।
परन्तु मेरे अभाव की पीड़ा का अनुमान लगा सकते हो?

कुहनियाँ आसन पर रखकर बैठ जाती है और ग्रंथ हाथों में उठा लेती है।

नहीं तुम अनुमान नहीं लगा सकते। तुमने
लिखा था कि एक दोष गुणों के समूह में
उसी तरह छिप जाता है, जैसे चाँद की
किरणों में कलंक, परन्तु दारिद्रय नहीं छिपता।
सौ-सौ गुणों में भी नहीं छिपता। नहीं छिपता
ही नहीं, सौ-सौ गुणों को छा लेता है–
एक-एक करके नष्ट कर देता है।

बोलती-बोलती और अन्तर्मुख हो जाती है।

परन्तु मैंने यह सब सह लिया। इसलिए
मैं टूटकर भी अनुभव करती रही कि
तुम बन रहे हो। क्योंकि मैं अपने को
अपने में न देखकर तुममें देखती थी। और
आज यह सुन रही हूँ कि तुम सब छोड़कर
संन्यास ले रहे हो? तटस्थ हो रहे हो?
उदासीन? तुम मेरी सत्ता के बोध से
इस तरह वंचित कर दोगे?"[1]

मल्लिका और कालिदास का उपर्युक्त संवाद कालिदास युगीन किसी स्त्री का भावोद्गार नहीं है, बल्कि छठें-सातवें दशक की आधुनिक भारतीय स्त्री की बेबाक अभिव्यक्ति है। एक ऐसी स्त्री जो बिना किसी प्रतिदान की इच्छा के अटूट प्रेम करती है और जीवन पर्यन्त इसकी कीमत अदा करती है, उसे अपनी 'अस्मिता बोध' से वंचित होना स्वीकार नहीं है। कालिदास ग्राम्य प्रांतर के एक गुमनाम व्यक्ति से उठकर एक यशस्वी कवि और काश्मीर के शासक के रूप में सत्ता के शीर्ष पर प्रतिष्ठित होता है जबकि मल्लिका जीवन की झंझावतों को सहने के लिए अकेली छोड़ दी जाती है।

गरीबी और अभाव की पराकाष्ठा को सहते हुए भी मल्लिका अपने प्रेम की मर्यादा का जीवनपर्यन्त निर्वाह करती है, लेकिन उसे आत्मिक कष्ट होता है यह जानकर कि कालिदास ने कभी उसकी संवेदनाओं, इच्छाओं और उसकी दृटि से जीवन को समझने का प्रयास ही नहीं किया। जिस प्रकार 'ध्रुवस्वामिनी' स्त्री अस्मिता के प्रश्न को पूरी प्रखरता से यह कहकर प्रकट करती है कि "आज यह निर्णय हो जाना चाहिए कि मैं कौन हूँ,"[2] मल्लिका भी आत्मचेतस स्त्री की तरह कालिदास को अपने सवालों के घेरे में खड़ी करती है। 'क्या जीवन को तुम मेरी दृष्टि से देख सकते हो'? या 'मेरे अभावों की पीड़ा का अनुमान लगा सकते हो'? जैसे प्रश्न एक स्वतन्त्रचेता आधुनिक भारतीय स्त्री की जीवंत तस्वीर हमारे सामने पेश करती है। जब कालिदास की पत्नी 'प्रियंगु मंजरी' उसके घर का परिसंस्कार करवाने, आर्थिक सहायता देने एवं किसी राजकर्मचारी के साथ उसके विवाह का प्रस्ताव पेश करती है तो मल्लिका और उसकी माँ अंबिका की भावनाओं को गहरी ठेस पहुँचती है, क्योंकि उसके प्रेम और भावनात्मक

लगाव को व्यावसायिकता की कसौटी पर नहीं आँका जा सकता। 'मल्लिका' और 'अम्बिका' का भावपूर्ण संवाद स्त्री जीवन की इस पीड़ा को पूरी मार्मिकता के साथ व्यक्त करता है :

अम्बिका : ''लो 'मेघदूत' की पंक्तियाँ पढ़ो। इन्हीं में
न कहती थीं, उसके अन्तर की कोमलता
साकार हो उठी है? आज इस कोमलता का
और भी साकार रूप देख लिया?

मल्लिका ठगी सी उसकी ओर देखती रहती है।

आज वह तुम्हें तुम्हारी भावना का मूल्य देना
चाहता है, तो क्यों नहीं स्वीकार कर लेती?
घर की भित्तियों का परिसंस्कार हो जायेगा।
और तुम उनके यहाँ परिचारिका बनकर रह सकोगी।
इससे बड़ा और क्या सौभाग्य चाहिए तुम्हें?

मल्लिका : राजकन्या की अपनी जीवन दृटि है माँ!
उसके लिए और कोई कैसे उत्तरदायी है?

अम्बिका : परन्तु राजकन्या के यहाँ आने के लिए कौन
उत्तरदायी है? निस्सन्देह वह उस किसी की इच्छा
के बिना यहाँ नहीं आयी। राज्य के स्थपति घर
की भित्तियों का परिसंस्कार कर देंगे। आज
वह शासक है, उसके पास संपत्ति है। उस
शासन और संपत्ति का परिचय देने के लिए
इससे अच्छा और क्या उपाय हो सकता था?''[3]

अपने अगले नाटक 'लहरों का राजहंस' में भी राकेश ने स्त्री-पुरुष के परस्पर अन्तर्विरोध को बुद्धकालीन परिवेश में अभिव्यक्त किया है। अश्वघोष के प्रसिद्ध संस्कृत नाटक 'सौन्दरानन्द' के कथासूत्र पर आधारित इस नाटक में एक ओर बुद्ध और दूसरी ओर अपनी पत्नी 'सुन्दरी' के आकर्षण में त्रिशंकु की भाँति डोलते हुए नन्द की मानसिकता और इस क्रम में नन्द और सुन्दरी के सम्बन्धों को उजागर किया गया है। ऐतिहासिक कथासूत्र पर आधारित होने के बावजूद यह नाटक समकालीन जीवन में स्त्री-पुरुष के द्वन्द्व को प्रभावशाली तरीके से उजागर करता है। 'लहरों के राजहंस' की 'सुन्दरी' सिर्फ एक रूपगर्विता नारी नहीं है, बल्कि बुद्धिमत्ता, वाक्चातुर्य एवं असाधारण कौशल से समन्वित वह एक सम्पूर्ण नारी है।

वह कामनाओं का दमन कर जीवन जीने में विश्वास नहीं करती, बल्कि जीवन को पूरे उल्लास के साथ अपनी शर्तों पर जीना चाहती है। कामोत्सव के आयोजन में वह नगर के सभी गणमान्य व्यक्तियों को आमन्त्रित करती है, लेकिन सभी व्यक्ति भगवान बुद्ध की सभा में चले जाते हैं और कोई-न-कोई बहाना बनाकर कामोत्सव में भाग लेने में अपनी असमर्थता प्रकट करते हैं। यह बात सुन्दरी को नागवार गुजरता है और अपने पति नन्द के साथ संवाद में इसे वह बिना किसी लाग-लपेट के स्पष्ट कर देती है :

नन्द : "(रुककर) उन्होंने क्षमा चाहते हुए दिन
में ही सन्देश भेजा था। मैंने उस
समय तुम्हें बताना ठीक नहीं समझा।
सोचा कि उसकी आवश्यकता नहीं होगी।
मैं ऊधर जाऊँगा, तो वे अवश्य मेरे साथ
चले आयेंगे...।

सुन्दरी : पर आपने बताया क्यों नहीं मुझे?
बताया होता तो मैं आपको कभी किसी
के यहाँ न जाने देती। मेरे उत्सव में लोग
अनुरोध करने से आयें, इससे उनका न
आना ही अच्छा है। ...और दो व्यक्तियों
के आने-न-आने से अन्तर भी क्या पड़ता है?"[4]

सुन्दरी जैसी स्वतन्त्रचेता स्त्री के लिए यह स्वीकार्य नहीं है कि उसके समारोह में लोग बुलाने से आयें। अतः कामोत्सव में एकमात्र अतिथि के तौर पर जब आर्य मैत्रेय अनिच्छा से शामिल होते हैं तो सुन्दरी के आत्मसम्मान को ठेस पहुँचती हैं और वह कहती हैं :

"कामनोत्सव कामना का उत्सव है, आर्य मैत्रेय। मैं अपनी आज की कामना कल के लिए टाल रखूँ...क्यों? मेरी कामना मेरे अन्तर की है। मेरे अन्तर में ही उसकी पूर्ति भी हो सकती है। बाहर का आयोजन उसके लिए उतना महत्व नहीं रखता जितना कुछ लोग समझ रहे हैं।"[5]

"आर्य मैत्रेय यदि जाना चाहते हैं, तो इन्हें भी जाने दीजिए। कह दीजिए कि जिनके यहाँ ये होकर आये हैं, जाते हुए भी एक बार उनके यहाँ होते जायें उन सबसे कह दें कि मेरे यहाँ आने के लिए किसी कल की प्रतीक्षा में वे न रहें। वह कल अब उनके लिए कभी नहीं आयेगा, कभी नहीं...।"[6]

अपने पति 'नन्द' का बाल मुंडनकर बौद्ध भिक्षु बनकर लौटना इस आत्माभिमानी स्त्री को 'आत्मविश्वास' और अहं पर गहरी चोट करता है। जिस सुन्दरी ने अपने असाधारण सौंदर्य और आत्मविश्वास के बलबूते पर कहा था कि 'नारी का आकर्षण पुरुष को पुरुष बनाता है तो उसका अपकर्षण उसे गौतम बुद्ध बना देता है', वही नन्द को भिक्षु वेश में देखकर अपनी पराजय को स्वीकार नहीं कर पाती है। अपनी पत्नी के गहरे विक्षोभ से बेखबर नन्द उसके संतोष के लिए अपना केश वापस लाने बुद्ध के पास चला जाता है। अपने पति का यह संवेदनहीन कृत्य उसे गहरी पीड़ा से भर देता है। इस सम्बन्ध में नाटक के अन्त में श्वेतांग और सुन्दरी का संवाद स्त्री जीवन की पीड़ा को मार्मिक रूप में उद्घाटित करती है :

श्वेतांग : "कुमार अभी-कभी बाहर गये हैं। जाते हुए उन्होंने मुझसे कहा है कि...।

सुन्दरी : (पहले से और अव्यवस्थित होकर) वे अभी-अभी फिर बाहर चले गये हैं? ...क्यों? रात के समय इस तरह जाने का कारण?

श्वेतांग : कारण उन्होंने नहीं बताया। इतना ही कहा है कि...।

सुन्दरी : (उतावली में) क्या कहा है उन्होंने? जल्दी से बताते क्यों नहीं?

श्वेतांग : उन्होंने कहा कि... वे अपने केशों की खोज में जा रहे हैं। जाकर तथागत से पूछना चाहते हैं कि उन्होंने उनके केशों का क्या किया? और यदि कुछ नहीं किया तो क्या उनके केश उन्हें लौटाए जा सकते हैं? उनकी पत्नी को उन केशों की आवश्यकता है...।"

सुन्दरी जैसे जड़-सी हो रहती है।

सुन्दरी : यह कहा है उन्होंने?

× × ×

"इतना ही समझ पाए हैं वे?

× × ×

इतना ही तो समझ पाते हैं ये!
बस इतना ही तो इनकी समझ में आ पाता है।

× × ×

इससे अधिक कभी समझ भी नहीं पायेंगे
ये...कभी नहीं समझ पाएँगे।"[7]

आधे-अधूरे (1969) मोहन राकेश का अंतिम पूर्ण नाटक है, जो स्वाधीन भारत में एक कामकाजी महिला के दोहरे संघर्ष और इस संघर्ष प्रक्रिया में अन्ततः उसके पराजित हो जाने की त्रासदी को बिना किसी लाग-लपेट के सफलतापूर्वक अभिव्यक्त करता है। पत्नी, माँ और नौकरीशुदा स्त्री के रूप में वह हरसम्भव प्रयास करती है अपने पारिवारिक और कामकाज की दुनिया में संतुलन बिठाने की, लेकिन घर के सदस्यों की बेरूखी और असंवेदनशील रवैया के कारण असफल रहती है। एक मध्यवर्गीय सामान्य स्त्री की तरह वह जीवनपर्यन्त अपने 'घर' को बनाये रखने का प्रयास करती है और इस प्रयास में असफल होने पर अपनी बची-खुची ज़िन्दगी एक सम्पूर्ण पुरुष के साथ बिताने का निर्णय करती है, लेकिन अन्ततः उसकी यह इच्छा भी पूरी नहीं हो पाती। प्रसिद्ध नाट्य निर्देशक ओम शिवपुरी के अनुसार,

"यह आलेख एक स्तर पर स्त्री पुरुष के बीच लगाव और तनाव का दस्तावेज है। महेन्द्रनाथ सावित्री से बहुत प्रेम करता है। सावित्री भी उसे चाहती रही होगी, लेकिन ब्याह के बाद महेन्द्रनाथ को बहुत निकट से जानने पर उसे उससे वितृष्णा होने लगी क्योंकि जीवन से सावित्री की अपेक्षाएँ बहुमुखी और अनंन्त हैं। अब महेन्द्रनाथ की बेकारी की हालत में 'सावित्री' बहुत कटु हो गयी है। एक ओर घर को चलाने का असह्य बोझ है, तो दूसरी ओर ज़िन्दगी में कुछ भी हासिल न कर पाने की तीखी कचोट। अपने बच्चों के बर्ताव से अत्यन्त तिक्त हुई सावित्री बची-खुची ज़िन्दगी को ही एक पूरे, एक सम्पूर्ण पुरुष के साथ बिताने की आकांक्षा रखती है। पर यह आकांक्षा पूरी नहीं हो पाती है, क्योंकि सम्पूर्णता की तलाश ही शायद वाजिब नहीं।"[8]

एक आम मध्यवर्गीय कामकाजी स्त्री की तरह 'सावित्री' अपनी ज़िन्दगी में सुख और शान्ति की तलाश करती है, लेकिन बेरोजगारी के कारण कुंठित अपने पति 'महेन्द्रनाथ' से उसे वैसा कुछ भी हासिल नहीं होता, जिसकी उसे आकांक्षा है। इसके कारण घर में अन्तर्कलह का जो सिलसिला शुरू होता है वह एक ऐसे दमघोंटू वातावरण का निर्माण करता है, जिससे सभी सदस्य छुटकारा पाना चाहते हैं।

पति-पत्नी के बीच तनाववपूर्ण सम्बन्धों के बीच अपनी आकांक्षाओं को पूरी तरह ध्वस्त होने की पीड़ा को 'सावित्री' ने जुनेजा के साथ संवाद में बेबाकी से अभिव्यक्त किया है :

"दोस्तों के लिए जो फुरसत काटने का वसीला है, वही महेन्द्र के लिए उसका मुख्य काम है जिन्दगी में। और उसका ही नहीं-उसके घर के लोगों का भी मुख्य काम होना चाहिए। तुम फलाँ जगह चलने से इनकार कैसे कर सकती हो? फलाँ से तुम ठीक से बात क्यों नहीं करती? तुम अपने को पढ़ी-लिखी कहती हो? ...तुम्हें तो लोगों के बीच उठने-बैठने की तमीज़ नहीं है। ...और वही महेन्द्र जो दोस्तों के बीच दब्बू सा बना हलके-हलके मुसकराता है, वह आकर एक दरिन्दा बन जाता है। पता नहीं, कब किसे नोंच लेगा, कब किसे फाड़ खाएगा? आज वह ताव में अपनी कमीज को आग लगा लेता है। कल वह सावित्री की छाती पर बैठकर उसका सिर जमीन पर रगड़ने लगता है बोल, बोल, बोल चलेगी उस तरह की नहीं जैसे मैं चाहता हूँ? मानेगी वह सबकी नहीं जो मैं कहता हूँ? पर सावित्री फिर भी नहीं चलती। वह सब नहीं मानती। वह नफ़रत करती है इन सबसे, इस आदमी के ऐसा होने से। वह एक पूरा आदमी चाहती है अपने लिए। एक...पूरा...आदमी।"[9]

सावित्री जीवन पर्यन्त अपने पति की उपेक्षा और बेरूखी का सामना करती है और भावनात्मक अकेलेपन को पूरा करने के लिए एक सम्पूर्ण आदमी की तलाश करती है। लेकिन किसी भी पुरुष से उसे विश्वास और भावनात्मक साझेदारी नहीं मिलती है। पुरुषों के सम्बन्ध में उसका निर्णय है–"सब-के-सब... सब...के...सब...एक से। बिल्कुल एक से हैं आपलोग? अलग-अलग मुखौटे पर चेहरा?... चेहरा सबका एक ही।"[10]

सावित्री केवल अपने पति और पुरुष मित्रों की बेरूखी का शिकार नहीं है, बल्कि उसके बच्चे भी उसके साथ हमदर्दी नहीं रखते। वह पूरा प्रयास करती है बच्चों की अच्छी परवरिश और उनके भविष्य निर्माण की और इस कारण कई बार ऊँचे तबके के लोगों को अपने घर में बुलाती भी है। लेकिन बच्चे इसे अपना अपमान समझते हैं और उनके अनुसार इससे घर की प्रतिष्ठा को धक्का लगता है। बच्चों में बड़ी लड़की को छोड़कर कोई उसके प्रयासों की सराहना नहीं करता। अन्ततः परिवार और कामकाज के दोहरे मोर्चे पर संघर्ष करती हुई स्त्री पराजित होती है और इस त्रासद परिस्थिति के साथ नाटक का समापन होता है। दरअसल राकेश के सभी नाटक स्वातन्त्रयोत्तर भारतीय समाज में स्त्री के जीवन संघर्ष उसके अधूरे सपने और असंतोष का प्रामाणिक आख्यान है।

सुरेन्द्र वर्मा स्वातन्त्र्योत्तर हिन्दी साहित्य के एक प्रमुख रचनाकार हैं और उनकी रचनाओं का केन्द्रीय सरोकार भी स्त्री-पुरुष का सम्बन्ध ही है। स्त्री-आकांक्षा के विविध आयाम और संस्थानों के साथ उनकी टकराहट सुरेन्द्र वर्मा की रचनाओं में बहुत प्रामाणिक ढंग से अभिव्यक्ति हुई हैं। अपने लिए स्वतन्त्र ''कैरियर'' का चुनाव स्वातन्त्र्योत्तर भारतीय नारियों के आकर्षण का प्रमुख विषय रहा है। ''कैरियर'' के प्रति अपने लगाव और स्वतन्त्र व्यक्तित्त्व विकास की कामना वृद्धा और लड़की तथा लड़की एवं बड़े भाई के इस संवाद में दिखायी पड़ता है :

वृद्धा : "ये क्या हो रहा है?

लड़की : (गम्भीरता पूर्वक) मेंटनेंस ऑफ़ बैलेंस—एयर हॉस्टेस के लिए तो बहुत ज़रूरी है न!

वृद्धा : (कुछ ठहरकर मुस्कान दिखाते हुए) पिछले हफ्ते तक डॉक्टर बनना चाहती थी।

लड़की : (अभ्यास बन्द करके) उसके लिए अभी सालों पढ़ना पड़ेगा, जबकि इसमें बहुत जल्दी इंडिपेंडेंट हो जाऊँगी... फिर मज़ा भी कितना है! आज दिल्ली, कल लंदन, परसों न्यूयार्क, नरसों पेरिस। (माइक पर बोलने के मूकाभिनय सहित) लेडिज एंड जेंटलमेन! इस वक्त हम एफ़िल टॉवर के ऊपर उड़ रहे हैं। मगर आप अपनी खिड़की से ज़रा झाँकें, तो इस खूबसूरत मौन्यूमेंट को देख सकते हैं। (पोज़ बदलकर) लेडीज़ एंड जेंटलमेन! हमारा जहाज केनेडी एयरपोर्ट पर उतरने वाला है। मेहरबानी करके अपनी बेल्ट कस लीजिए।"[11]

लड़की : "(कुछ झेंपती हिचकिचाहट से) क्या मुझे यह नौकरी नहीं मिलेगी।

बड़ा : (मुड़कर पलभर देखता है। धीमे स्वर में) मुझे क्या पता... मैं कोई ज्योतिषी हूँ क्या?

लड़की : तुम इतने भरोसे से कह रहे थे अभी...कि मुझे लगा (तनिक रूककर स्वप्नावृत्ति सी) कितनी बदल जायेगी मेरी ज़िन्दगी! मैं कितनी आजाद हो जाऊँगी! बीच-बीच में छुट्टी लेकर कभी दार्जिलिंग...कभी श्रीनगर (यकायक, उबरकर) तुम भी कुछ दिनों के लिए यहाँ से निकलना चाहते थे न? मैं तुम्हें पहली तनख़्वाह में से ही रूपये दूँगी।

बस अब छोटी-मोटी जो भी नौकरी हाथ में आयेगी, कर लूँगी।''[12]

"अँधेरे से परे" उपन्यास की नायिका "बिन्दो" की भी मान्यता है कि बिना आर्थिक स्वनिर्भरता के स्वाधीन व्यक्तित्त्व की कल्पना ही नहीं की जा सकती है। अपने पुत्र या भाई को अपने बेरोज़गार पति की तरह वह नहीं बनाना चाहती है। वह चाहती है कि इनके पास आर्थिक स्वाधीनता हो और ज़िन्दगी को लेकर एक योजना हो क्योंकि आर्थिक निर्भरता कई प्रकार की ग्रन्थियों को जन्म देती है और सहज, स्वाभाविक मानव-व्यक्तित्त्व के निर्माण में अवरोध पैदा करती है :

"सवाल दुनिया में अपनी जगह जानने का और उसके साथ किन्हीं शर्तों पर जुड़ने का है। उस आत्मविश्वास का है, जो तुम्हें अन्दर-बाहर से मज़बूत बनायेगा, तुम्हारे व्यक्तित्त्व को ही बदल देगा, एक उम्र के बाद आर्थिक निर्भरता, चाहे वह कितनी ही कम और किसी से भी हो, कई तरह की ग्रन्थियों को जन्म दे सकती है। इसी घर में इस सच्चाई का एक कड़वा उदाहरण तुम्हारे सामने है। मैं कभी नहीं चाहूँगी कि तुम्हारे माध्यम से मुझे दूसरा नमूना देखना पड़े।''[13]

सुरेन्द्र वर्मा के नारी पात्र प्रायः महानगरीय ज़िन्दगी की एकरसता, ऊब और संत्रास के शिकार हैं इसी कारण एक प्रकार की शान्ति, स्थायित्व और सुखद भविष्य की आकांक्षा उनके मन में बराबर बनी रहती है। यह मध्यवर्गीय व्यक्ति का बुनियादी स्वभाव होता है कि वह हमेशा अपनी वर्गीय हैसियत से ऊपर उठना चाहता है। स्त्रियाँ जो आर्थिक, सामाजिक, नैतिक सभी धरातलों पर अपने को शोषित महसूस करती हैं, उनके लिए सुखद भविष्य और शान्ति की कामना और भी अनिवार्य हो जाती है। महानगरों में स्त्रियाँ प्रायः थकान और भावनात्मक अकेलेपन का शिकार होती हैं। अपनी भाषा, अपनी संस्कृति और अपनी ज़मीन से कटी हुई ये स्त्रियाँ रोज़गार की तलाश में महानगरों में आती हैं और यहीं की होकर रह जाने के लिए अभिशाप्त होती हैं। कनक का यह संवाद स्त्री जीवन की थकान और अवसाद को बहुत विश्वसनीय ढंग से अभिव्यक्त करता है :

"मुझे पता नहीं, मुझे सिर्फ़, मुझे सिर्फ़ इतना पता है कि मैं बहुत थक चुकी हूँ। मैं बहुत गहरी नींद सोना चाहती हूँ...खामोश जंगल में पेड़ों की घनी छाँव के नीचे...या धीरे-धीरे बहते, गहरे झरने के किनारे...जहाँ किसी की आवाज तक न पहुँचे...बस आसमान के बदलते रंग...हवा में उड़ते सूखे पत्ते...जहाँ वक्त के बीतने का पता न चले...और अचानक एक दिन माथे पर दो-तीन बाल सफेद दिखायी दें।''[14]

महानगरीय जीवन की आपाधापी और किसी भी तरह से सफल हो जाने की तमन्ना अंजना के मन में डर और तनाव पैदा करती है। वह इस गलाकाट प्रतियोगिता से तंग आ चुकी है और अपने लिए किसी सहारे की आवश्यकता महसूस करती है, जिसके साथ ज़िन्दगी का यह तनाव बाँटा जा सके :

"सुबह से दोपहर तक, दोपहर से शाम तक, शाम से रात तक, यहाँ जल्दबाजी, यहाँ शोर, यहाँ रफ़्तार...सबको कुछ न कुछ चाहिए। एक चीज़ मिल गयी तो दूसरी चाहिए। दूसरी मिल गयी, तो तीसरी चाहिए, तीसरी मिल गयी तो पहले से बेहतर चाहिए। पहले से बेहतर मिल गयी, तो उससे भी बेहतर चाहिए। उससे भी बेहतर मिल गयी, तो सबसे बेहतर चाहिए। इस रफ़्तार का कहीं खात्मा नहीं, इस पागलपन से कभी छुटकारा नहीं। (रूँधे स्वर में) पर अब मुझसे बर्दाश्त नहीं होता—बिना किसी सहारे के यह लम्बी लड़ाई, चौबीस घंटों का नसों का यह तनाव, दिन-रात की दौड़ की यह आपाधापी।"[15]

भौतिक समृद्धि और ज़िन्दगी को लेकर एक प्रकार का रोमानी स्वप्न स्त्री-आकांक्षा का एक प्रमुख आयाम रहा है। जहाँ निम्नमध्यवर्गीय व्यक्ति की आकांक्षा जीवन की बुनियादी आवश्यकता से बँधी होती है, मध्यवर्गीय व्यक्ति उससे आगे निकलना चाहता है। वह उन तमाम चीज़ों की आकांक्षा करता है, जिससे वह उच्च वर्ग में शामिल हो सके। वर्ग को अतिक्रमित करने की यह चेतना मध्यवर्गीय व्यक्ति में बराबर बनी रहती है। सुरेन्द्र वर्मा के अधिकांश नारी पात्र निम्न मध्यवर्ग के हैं, इसलिए भौतिक समृद्धि और एक स्वप्निल भविष्य की लालसा उनके मन में बराबर बनी रहती है :

"मुँदी आँखों के स्याह घेरे में एक सादा, सफेद शान्त बँगला उभरता। सामने हरी-हरी घास के लम्बे-चौड़े कालीन। मेंहदी की ऊँची घनी फेसिंग। पोर्च में बेलों के गुच्छे के बीच चमकती कार। कीमती फर्नीचर, भरे हुए वार्डरोब, नौकरों के अदब से झुके हुए सिर...छिटकी चाँदनी में शहर की बाहरी, सूनी सड़कों पर लम्बी ड्राइव। बीतती रात के साथ बुक करवायी टेबिल पर कुहनियाँ टिकाये, उसका नींद से बोझिल पलकें झपकाना। पृष्ठभूमि में किन्हीं अजनबी साजों से मद्धिम-मद्धिम धुन—लहरों के चंचल थपेड़ों की तरह किनारों से टकराती हुई, काँच की पारदर्शी दीवार के पार बेचैन मछिलयों की मानिन्द थिरकती हुई, चेतना के सारे स्तरों पर हर्षोत्फुल्ल, भावोन्मत्त चन्दन-गन्ध के समान छाती हुई।"[16]

स्वाधीनता के बाद पारिवारिक और सामाजिक सम्बन्धों का पुराना ढाँचा पूरी तरह टूट जाता है। परविार और समाज का निर्माण सामूहिक आकांक्षा

का प्रतिफलन है, इसलिए परिवार या समाज में आपसी विश्वास और साझेदारी महत्त्वपूर्ण है। लेकिन स्वाधीनता के बाद सामूहिक आकांक्षा का प्रश्न गौण और व्यक्तिगत आकांक्षा का मुद्दा मुखर हो जाता है। इसी कारण पहले सम्बन्ध-विधान जहाँ ''भावना'' पर आधारित होते थे, अब सम्बन्ध-विधान व्यक्तिगत-आकांक्षा और व्यावसायिकता के आधार पर निर्धारित होने लगे। पहले पति-पत्नी और प्रेमी-प्रेमिका के सम्बन्ध में ''भावना'' की भूमिका केन्द्रीय होती थी, उपभोक्तावादी संस्कृति के दबाव ने ''उपभोग'' को सम्बन्धों का केन्द्रीय तत्त्व बना दिया। स्त्रियों की यह बराबर इच्छा रहती है कि कोई उन्हें समझे, उनसे साझेदारी कर सके, लेकिन पुरुष उनका अधिकाधिक उपयोग करना चाहते हैं। ये स्त्रियाँ अपने को सिर्फ़ ''वस्तु'' नहीं बल्कि एक सम्पूर्ण मनुष्य बनाना चाहती हैं, अपने लिए स्थायित्व और स्वतन्त्र व्यक्तित्व चाहती हैं। इसी बिन्दु पर पुरुष और स्त्री के सम्बन्ध बहुत तल्ख़ हो जाते हैं। पुरुष स्त्री से एकनिष्ठता की माँग करता है, जबकि स्त्री, माँ, पत्नी, प्रेमिका आदि सभी प्रकार का दायित्व निभाना चाहती है। विभिन्न प्रकार के दायित्वों के बीच बँटी ये स्त्रियाँ लगातार तनावपूर्ण माहौल में जीती हैं। अंजना अपने लिए स्थायी जीवन चाहती है जबकि मनमोहन चाहता है कि वह केवल उसकी शारीरिक ज़रूरतों को पूरा करती रहे। यह मुद्दा दोनों के बीच टकराव पैदा करता है।

अंजना : "(कडवाहट से) तुम कितने ख़ुदग़र्ज़ हो। तुम्हारे शनिवारों के लिए मैं इसी ज़िन्दगी से चिपकी रहूँ? तुम्हारी चार रातें मज़े से गुजर सकें, इसीलिए महीने के छब्बीस दिन मैं घुट-घुटकर जीती रहूँ?

मनमोहन : वे रातें सिर्फ़ मैं ही माँगता था? तुम नहीं?

अंजना : (झुँझलाहट से) माँगती थी मैं भी, लेकिन तब सिर्फ़ ज़िस्म की ही ज़रूरत नहीं थीं, ज़िन्दगी भी थीं—और भी गहरी, और भी तीखी।

मनमोहन : और मैं एक ज़रिया था, उन ज़रूरतों को पूरा करने का?

अंजना : और मैं तुम्हारे लिए क्या थी? एक ज़रिया नहीं थी?"[17]

गुलशन और मधु के सम्बन्ध भी ''उपयोग'' पर आधारित हैं। गुलशन को मधु से इस बात की अपेक्षा है कि वह पूरी तरह उसके प्रति समर्पित रहे, जबकि मधु अपने पति, और बच्चों और अपने घर के प्रति भी अपना दायित्त्व पूरा करना चाहती है। पुरुष औरत को सिर्फ़ एक ही भूमिका में देखना चाहता है,

अन्य भूमिकाओं को वह सहजता से नहीं ले पाता है। इसी कारण मधु और गुलशन के सम्बन्ध तनावपूर्ण हो जाते हैं :

गुलशन : "तुम्हें पिछले हफ़्ते में एक मिनट का समय नहीं मिला कि मुझे फोन कर लो?"

मधु : "कहा न कि मैं अकेली नहीं थी।" स्वर में झुँझलाहट की छाया।

गुलशन : "चौबीस घण्टों में तुम्हें एक मिनट भी अकेला नहीं मिला?"

मधु : "मिला, लेकिन मेरे पास सोचने के लिए कुछ और भी हो सकता है।"

गुलशन : "जैसे?"

मधु : "जैसे बहुत कुछ है।"

गुलशन : "क्या? ज़रा मैं भी तो जानूँ?"

मधु : "गुलशन प्लीज..."

गुलशन : "क्यों? मुझे मालूम तो होना चाहिए कि मेरी जगह क्या है?"

मधु : "तुम बच्चों की तरह पज्जैसिव हो रहे हो।"

गुलशन : "अच्छा।"

मधु : "मेरी समझ में नहीं आ रहा कि झगड़ा किस बात का है? मेरा घर है, पति और बच्चा है। यह कैसे हो सकता है कि मैं हर रोज़ तुमसे मिलूँ?
जब सहूलियत होगी, तब ही तो..."

गुलशन : "यानी यह सहूलियत का रिश्ता है?"

मधु : "यह लिमिटेड कमिटमेंट का रिश्ता है।"[18]

स्वातन्त्र्योत्तर भारतीय समाज में केवल स्त्री और पुरुष के सम्बन्धों की प्रकृति ही नहीं बदलती है, बल्कि अन्य सामाजिक सम्बन्धों की प्रकृति भी बदल गयी है। पहले स्त्रियाँ पति, बच्चों और सामाजिक सम्बन्धों के निर्वाह में ही अपनी पूरी ज़िन्दगी गुजार देती थीं, अपनी व्यक्तिगत आवश्यकताओं और आकांक्षाओं को वह महत्त्वपूर्ण नहीं मानती थी। लेकिन अब जबकि सम्बन्धों के ताने-बाने पूरी तरह क्षतिग्रस्त होने लगे हैं, वह केवल त्याग, बलिदान और सर्म्पण के सहारे ही नहीं जी सकती है। वह अब "देवी, माँ, सहचरी, प्राण" अथवा "नारी तुम केवल श्रद्धा" हो जैसी नहीं रही, अपनी पारम्परिक भूमिकाओं से अलग हटकर अब वह

अपनी आवश्यकताओं और आकांक्षाओं की स्वीकृति चाहती है। हालाँकि अब भी भारतीय नारी पश्चिमी देशों की तरह सन्तान और घर के मोह से पूरी तरह मुक्त नहीं हो पायी है, बल्कि वह अपनी सन्तान से भी कुछ आशा करती है। अपने बच्चों के लिए वह बहुत कुछ सहती है, संघर्ष झेलती है, तो वह सोचती है कि बच्चे भी उसकी आवश्यकताओं पर सहानुभूतिपूर्वक विचार करेंगे। ऐसा नहीं होने पर माँ और बच्चे का आपसी सम्बन्ध भी दरकने लगता है, क्योंकि अब स्त्री केवल बच्चों को लेकर अपनी ज़िन्दगी की ज़रूरतों को नकारना नहीं चाहती। "वे नाक से बोलते हैं" नामक एकांकी में स्त्री और लड़की का संवाद इस तनावपूर्ण सम्बन्ध-विधान को रेखांकित करता है क्योंकि माँ और बेटी दोनों अपनी आवश्यकताओं को अधिक महत्त्वपूर्ण मानती हैं। स्त्री की निराशा और दुःख तब बहुत बढ़ जाते हैं जब उसकी अपनी ही सन्तान उसके बारे में सहानुभूतिपूर्वक विचार करने के लिए तैयार नहीं होती। स्त्री और लड़की का यह संवाद स्वातन्त्र्योत्तर भारतीय समाज में बदलते हुए सम्बन्ध-विधान और उसके साथ ही स्त्री-आकांक्षा के बदलते हुए स्वरूप का उद्घाटन करता है :

स्त्री : "सबकी अपनी कुछ ज़रूरत होती है—अन्दर की, मन की ...और फिर जिसने शादी के रिश्ते में सिर्फ़...घुटन ही पायी हो, उसके लिए तो जैसे ये कभी इतनी तीखी हो उठती है कि...मैंने सात-आठ साल बहुत सहा। क्या अब तुम मुझे थोड़े से सन्तोष का अधिकार नहीं दोगी?

लड़की : (क्रुद्ध सी) सब सिर्फ़ अपने ही सन्तोष के बारे में सोचते हैं।

स्त्री : तुम्हारे लिए कुछ नरम होना आसान हो जायेगा, अगर एक बार तुम ये समझ लो कि तुम्हारे...पापा से अब मेरा कोई सम्बन्ध नहीं है।

लड़की : (प्रतिवाद से) पर मेरा तो है!

स्त्री : मैंने कब कहा कि नहीं है?...लेकन पति-पत्नी का रिश्ता दूसरी तरह का होता है न!
तुम जानती हो कि माँ को यहाँ अच्छा नहीं लगता।
वे मेरठ जाना चाहती हैं। फिर भगवान न करे—लकिन
उनका साया हमेशा तो हमारे ऊपर रहेगा नहीं। फिर
कुछेक सालों के बाद तुम अपनी पढ़ाई पूरी कर लोगी...

(मन्द स्मित से) और किसी अच्छे, स्मार्ट लड़के के साथ तम्हारी शादी हो जायेगी...क्या तुम चाहोगे कि मैं तिल-तिल घुटते हुए...

लड़की : क्यों मिसेज चड्ढा तो अपनी कॉकर-स्पेनियल के साथ इतने ठाठ से रहती हैं।

स्त्री : यानी मेरे कुत्ते-बिल्ली साथ रहने से तुम्हें खुशी होगी लेकिन अगर मैं अपनी पसन्द के एक...

लड़की : (जोर से) मेरे सिर्फ़ एक फ़ादर हैं। मुझे "स्टैप" वर्ड अच्छा नहीं लगता।

स्त्री : अच्छा न लगना ज़िन्दगी में किसी फ़ैसले की कसौटी नहीं हो सकती।

लड़की : कैसे नहीं हो सकती?

स्त्री : कई बाते ऐसी होती है जिनकी ख़ातिर चुप रह जाना पड़ता है।

लड़की : तुम चुप रहो। मैं तो नहीं रह सकती।

स्त्री : ये जानते हुए भी कि तुम्हारे लिए मैंने...

लड़की : (भड़क कर) हाँ, हाँ, मेरे लिए तुमने जितना किया है, उसका एक मौन्यूमेंट बनवा दो, ताकि हिस्ट्री में इस बात की मिसाल रहे कि...

स्त्री : (क्रोधपूर्वक) चुप रहो! बहुत ज़्यादा जुबान चलाने की ज़रूरत नहीं।"[19]

जिस प्रकार सन्तान को लेकर प्रत्येक स्त्री की आकांक्षा होती है कि वह उसकी आवश्यकताओं को और मजबूरियों को समझने की कोशिश करेगा, उसी प्रकार प्रत्येक स्त्री अपने पति से भावनात्मक साझेदारी की आशा करती है। पति, जिसके साथ स्त्री का रिश्ता सर्वाधिक आत्मीय और गहरा होता है, उससे स्त्री विश्वास और सहानुभूति की आशा रखती है लेकिन वही पति, जब स्त्री को केवल शारीरिक सम्बन्धों तक सीमित कर देता है, तब नारी को गहरी वेदना और निराशा होती है। फिर वह अपने पति के साथ भावनात्मक लगाव महसूस नहीं करती बल्कि एक प्रकार की मज़बूरी और यातना का अहसास सदैव उसके साथ लगा रहता है। इस प्रकार की मज़बूरी और यातना का सम्बन्ध घृणा और विक्षोभ में बदल जाता है। सुरेन्द्र वर्मा ने अपने नाटक 'शकुन्तला की अंगूठी' में शकुन्तला जैसे पौराणिक पात्र के माध्यम से स्त्री-आकांक्षा के इस रूप

का उद्‌घाटन किया है। कनक और कुमार के संवाद के माध्यम से रचनाकर ने अपनापन के टूटने की व्यथा का चित्रण किया है :

कुमार : "जाने से पहले जब शकुन्तला आखिरी बार मुड़कर दुष्यन्त को देखती है, तो उसकी आँखों में क्या है?

कनक : गुस्सा।

कुमार : सिर्फ़ गुस्सा। ...दुष्यन्त उसकी ज़िन्दगी में आया पहला आदमी है। दुष्यन्त के ही जरिये उसने औरत और आदमी के रिश्ते को जाना है।...उसकी गहराई, उसका रोम-रोम को सिहरा देने वाला सुख, उसका पोर-पोर को सुन्न कर देने वाला दुःख...उसने दुष्यन्त के साथ अपनी ज़िन्दगी के सबसे गहरे पल बिताये हैं...गुस्से से मिली जुली यहाँ चाहिए अपनापन टूटने की कचोट।"[20]

इसी प्रकार की यातना ब्रज की पत्नी की है क्योंकि अपनी पत्नी के साथ ब्रज का रिश्ता केवल शरीर तक सीमित है। उसकी पत्नी भी एक जीती-जागती इन्सान है, उसकी भी अपनी भावनाएँ हैं, अपने और पति को लेकर एक कल्पना है, यह ब्रज ने कभी सोचा ही नहीं।

"ब्रज में जिस्मानी निकटता की अमिट चाह थी। जब वे साथ-साथ होते तो वह उसे छुए बिना नहीं रह पाता था। अगर वे कार में कहीं जा रहे होते, तो वह उसका हाथ ही सहलाता रहता। अगर सुनसान नीम अँधेरी सड़क पर टहल रहे होते, तो वह उसकी कमर अपनी बाँह की गिरफ्त में ले लेता।...यह नहीं कि उसने प्रतिरोध की चेष्टा नहीं की, लेकिन ऐसी हर कोशिश का अन्त एक बेबस नामालूम सी मुस्कान में हुआ।"[21]

आर्थिक स्वनिर्भरता, भौतिक समृद्धि की कामना, शान्ति और स्थायित्व की लालसा, पति और सन्तान के साथ साझेदारी स्त्री-आकांक्षा के ये विविध रूप तो सुरेन्द्र वर्मा की रचनाओं में अभिव्यक्त हुए ही है, लेकिन स्त्री-आकांक्षा का एक अन्य रूप जो उनकी रचनाओं में प्रमुखता से उद्‌घाटित हुआ है वह है काम-सम्बन्ध की सहज स्वीकृति। जीवन में काम-सम्बन्ध की अनिवार्यता को सुरेन्द्र वर्मा ने अनेक रचनाओं में रेखांकित किया है। लेकिन यह काम-भावना केवल 'सेक्स" का पर्याय नहीं है, बल्कि उससे कहीं अधिक उदार और विस्तृत है। यह "काम-भावना" स्वातन्त्र्योत्तर भारतीय नारी की सामूहिक इच्छा है, जो उसे स्वतन्त्र व्यक्ति की हैसियत प्रदान करती है। अपने ऐतिहासिक कथा वस्तु वाले नाटकों—'सेतुबन्ध', 'सूर्य की अन्तिम किरण से सूर्य की पहली किरण तक',

'आठवां सर्ग' आदि में सुरेन्द्र वर्मा ने स्त्री-आकांक्षा के इस स्वरूप को गहरी संवेदनशीलता के साथ उद्घाटित किया है। काम-सम्बन्ध की अनिवार्यता और देहराग की इस स्वीकृति में केवल वासना (सेक्स) की प्रधानता नहीं है, बल्कि यह गहरे मानवीय प्रश्नों और समस्याओं से जुड़ा हुआ है। 'सेतुबन्ध' और 'सूर्य की अन्तिम किरण से सूर्य की पहली किरण तक' यद्यपि ऐतिहासिक आधार पर लिखे गये नाटक हैं लेकिन यह एक आश्चर्यजनक संयोग है कि जितने गहरे स्तर पर मानवीय प्रश्नो और समस्याओं को इन नाटकों में उठाया गया है, उतनी गहराई उनके उन नाटकों में नहीं मिलती, जो समकालीन जीवन-प्रसंगों को लेकर लिखे गये हैं। इसीलिए ऐतिहासिक कथावस्तु वाले उनके नाटक सर्वाधिक प्रासंगिक और समकालीन जान पड़ते हैं। सच्चे अर्थों में इन्हीं नाटकों मं स्वातन्त्र्योत्तर भारतीय नारी की आकांक्षा अभिव्यक्त हुई है। 'सेतुबन्ध' की 'प्रभावती' और 'सूर्य की अन्तिम किरण से सूर्य की पहली किरण तक' की 'शीलवती' स्वातन्त्र्योत्तर भारतीय नारी की इच्छाओं का विश्वसनीय ढंग से प्रतिनिधित्व करती हैं, इनमें केवल स्वाधीनता की असीम इच्छा ही नहीं है पुरुषों की सत्ता के सामनान्तर अपने स्वतन्त्र व्यक्तित्त्व के निर्माण का हौसला भी है। ''प्रभावती'' और ''शीलवती'' द्वारा उठाये गये प्रश्नों में गहरे मानवीय सरोकार सम्मिलित हैं।

'तीन नाटक' सुरेन्द्र वर्मा का पहला नाटक-संग्रह है। इसमें तीन नाटक सम्मिलित हैं–'सेतुबन्ध', 'नायक खलनायक विदूषक' और 'द्रौपदी'। इनमें 'सेतुबन्ध' और 'द्रौपदी' ऐसे नाटक हैं जिसमें रचनाकार ने स्त्री-आकांक्षा के विविध आयामों को उठाया है। इन दोनों में भी स्त्री सरोकारों को अभिव्यक्त करने की दृष्टि से 'सेतुबन्ध' अधिक प्रासंगिक नाटक है, जिसमें रचनाकार ने 'प्रभावती' के चरित्र के माध्यम से स्त्री-जीवन की आवश्यकताओं का उद्घाटन किया है। ''प्रवरसेन'' अपनी माँ ''प्रभावती'' और ''कालिदास'' के प्रेम-प्रसंग को जानकर बहुत तनाव में है, जबकि ''प्रभावती'' इस प्रेम को ज़िन्दगी की आवश्यकता मानती है। इस सन्दर्भ में प्रभावती और प्रवरसेन का संवाद प्रभावती के स्वाधीन व्यक्तित्त्व का परिचय देता है। वह मानती है कि जिस प्रकार पुरुष को स्त्री के चुनाव का अधिकार है, उसी प्रकार नारी को भी पुरुष के चुनाव का अधिकार होना चाहिए :

प्रभावती : "तो क्या प्रतिक्रिया है तुम्हारी?...मैंने अपराध किया है इसलिए मुझ पर क्रोध आ रहा है? पाप किया है, इयलिए मुझसे घृणा हो रही है?...या मैंने बहुत सहा है, इसलिए मुझसे सहानुभूति है?

प्रवरसेन : अपनी प्रतिक्रिया को ठीक से समझ नहीं पा रहा हूँ।... अगर पिता का निधन इतनी जल्दी नहीं हुआ होता, तो एक औसत पुत्र की तरह मुझे आक्रोश होता, मेरे मन में हिंसा जागती।

प्रभावती : क्यों?...आक्रोश क्यों? हिंसा किसलिए?

प्रवरसेन : इसलिए कि तुम मेरी माँ हो। तुम्हारे साथ पवित्रता का भाव जुड़ा हुआ है।

प्रभावती : माँ हूँ, लेकिन स्त्री भी तो हूँ। क्योंकि माँ हूँ, इसीलिए स्त्री होने का अधिकार (करूण मुस्कान से) नहीं, विवशता... छिन जायेगी?

प्रवरसेन : (तीव्र स्वर में) लेकिन तुमने वैवाहिक मर्यादा का उल्लंघन किया। पति के होते हुए भी परपुरुष की चाहना।

प्रभावती : परम्परागत शब्दों को छोड़ दो। क्या कोई स्थिति ऐसी नहीं हो सकती, जिसमें परपुरुष पति बन जाये और पति परपुरुष?''[22]

प्रभावती मानती है कि विवाह एक भावनात्मक रिश्ता है, केवल सामाजिक औपचारिकता नहीं। इसीलिए किसी भी पुरुष को स्त्री के माथे मढ़ देना अन्याय है। प्रभावती का विवाह उसके पिता चन्द्रगुप्त ने बिना उसकी इच्छा के कर दिया। उस विवाह से तमाम तरह के राजनीतिक निहितार्थों की तो पूर्ति हुई, लेकिन जिसका विवाह हुआ, उसकी आकांक्षा अपूर्ण ही रह गयी। इस प्रकार के वैवाहिक सम्बन्ध को प्रभावती अस्वीकार करती है और अपने लिए एक पुरुष का चुनाव जायज मानती है। प्रभावती का यह संवाद उसकी यातना और दुःख को उजागर करता है।

प्रभावती : "वहाँ न हृदय का स्पान्दन था, न साँसों का आवेग, न भावनाओं का ज्वार, न कामनाओं की तरंग...मन को तरह-तरह से समझा लिया था कि यह एक राजनीतिक ब्याह है, इसका भावनात्मक मूल्यांकन कभी नहीं करना। क्योंकि सम्बन्ध किसका होना था?...सम्राट की पुत्री का। मैं, प्रभावती, उसमें कहीं नहीं थी।...इसीलिए वाकाटक वंश की राजवधू बनकर जो आयी, वह गुप्त सम्राट की राजदुहिता थी—सजल नैनों पर दुकुल रखे प्रभावती उज्जयिनी के राजप्रसाद में ही छूट गयी। कौन समझेगा कि मेरी भावना आज तक कुमारी है...मैं माँ बनी हूँ, लेकिन पत्नी नहीं।''[23]

प्रभावती अपने जीवन को राजनीतिक निहितार्थों की पूर्ति का साधन मानने को तैयार नहीं है। उसके लिए अपनी व्यक्तिगत उपलब्धि, अपना स्वप्न अधिक महत्त्वपूर्ण है। अपने पुत्र—प्रवरसेन को वह इसलिए प्यार करती है कि वह उसकी आकांक्षा का प्रतिरूप है :

"तुम नहीं जानते, तुम मेरे जीवन का कितना निर्णायक मोड़ रहे हो।... जब तुम्हारा जन्म होने को था, तब...जब तुम्हारा जन्म हुआ, तब...जब तुम बड़े हो रहे थे, तब...मैं दिन-रात प्रार्थना करती थी कि प्रभुः। **क्या मैं पूरी-तरह एक प्रयुक्त वस्तु होकर रहूँगी**? इस राजनीतिक ब्याह में मेरी व्यक्तिगत उपलब्धि कुछ भी नहीं होगी? मेरा जीवन एक कूटनीतिक चाल बनकर रह जायेगा?...इसलिए तुम्हें देखकर मुझे वितृष्णा होती, अगर तुम अपने पिता का प्रतिरूप होते...लेकिन तुम नहीं हो। तुममें मैंने अपने उस स्वप्न को पाया है, जिसे कभी कामना भरी मासूम आँखों से देखा था। तभी तो जीना सम्भव हो सका।"[24]

"सूर्य की अन्तिम किरण से सूर्य की पहली किरण तक" सुरेन्द्र वर्मा का सर्वाधिक चर्चित और समर्थ नाटक है। इसमें रचनाकार ने स्त्री-आकांक्षा के अनेक रूपों का उद्घाटन बहुत विश्वसनीय ढंग से किया है। यद्यपि नाटक एक मिथकीय कथा को आधार बनाकर लिखा गया है, लेकिन सम्पूर्ण नाटक में समकालीन जीवन की समस्याएँ ही मुखर हैं। नाटक की नायिका शीलवती स्वातन्त्र्योत्तर भारतीय नारी का प्रतिनिधित्व बहुत ही सार्थक ढंग से करती है, जो प्रारम्भ में "धर्मनटी" बनने के कारण संकोच और तनाव से घिरी हुई है, लेकिन आगे चलकर अपने व्यक्तिगत सुख को प्रधान मानती है। पति के प्रति पूर्ण समर्पण की पारम्परिक मान्यता को वह अस्वीकार करती है और अपने नंपुसक पति के साथ अपना जीवन बलिदान करने को उचित नहीं मानती। हालाँकि नियोग-प्रथा के नियमानुसार धर्मनटी बनकर राज-प्रांगण में उतरने और एक रात के लिए किसी भी पुरुष से सम्बन्ध स्थापित करने की बात को लेकर प्रारम्भ में वह काफ़ी उद्वेलित है, क्योंकि परम्परागत भारतीय नारी मन का संस्कार वहाँ बाधक है। अपने पति ओक्काक के साथ उसका संवाद उसकी मानसिक उलझन का स्पष्ट संकेत करता है :

ओक्काक : "क्यों?...घबराहट क्यों?

शीलवती : कैसी बात करते हो? जानते नहीं, अन्तःपुर की मुझ जैसी स्त्री के लिए क्या विशेषण देते रहे हैं तुम्हारे कविजन?... असूर्यस्पर्श्या...सूर्य की किरणों ने भी जिसका स्पर्श नहीं किया हो! ...वही स्त्री हाथ में जयमाला लिए राजप्रांगण में

उतरेगी—सहस्त्रों दृष्टियों का केन्द्र बनी, और एक रात के लिए किसी पुरुष के साथ चली जायेगी, जिसे उसने कभी देखा नहीं, जिसके सम्बन्ध में वह कुछ नहीं जानती...और उसे अपना शरीर समर्पित कर देगी—अपना रूप, अपना यौवन, अपना कौमार्य... ।''[25]

लेकिन वही शीलवती आगे चलकर इन सभी परम्परागत संस्कारों से मुक्त हो जाती है और जीवन में काम-सम्बन्ध की अनिवार्यता को स्वीकार करती है। अपने पति की जैविक कमी को पत्नी होने के नाते वह ढोने को तैयार नहीं है। अपने नपुंसक पति के साथ वह भी शारीरिक सुख से वंचित रहे, यह शीलवती को स्वीकार नहीं। यहाँ शीलवती एक आधुनिक भारतीय नारी का प्रतिनिधित्व करती है, जो सम्बन्धों की परम्परागत अवधारणाओं को अस्वीकार करती है और अपने व्यक्तिगत सुख को प्राथमिकता देती है। शीलवती और ओक्काक के इस संवाद में शीलवती काम-सम्बन्ध की सहज स्वीकृति पर बल देती है और उसे मानव-जीवन की आवश्यकता के रूप में रेखांकित करती है। चूँकि उसके पति ने उसे इस सुख से वंचित रखा है इसलिए अपने पति ओक्काक के प्रति शीलवती के मन में गहरा आक्रोश और क्षोभ है।

शीलवती : "रात मैंने एक ओर बहुत कुछ पाया, तो दूसरी ओर यह भी जाना कि अब तक कितना कुछ खोया है!...खोने में से पाने का सन्तोष और पाने में से खोने का आक्रोश...कितना सुख दे सकता था यह शरीर...लेकिन मैंने नहीं जाना...वर्ष पर वर्ष बीतते गये...वही प्रातःकाल उठना...स्नान-ध्यान... उद्यान की क्यारियाँ...वीणा वादन या चित्र-रचना...पक्षियों को दाना-पानी...किसी पुस्तक के पन्ने पलटना...दोपहर भर सोना...सांयकाल कोई सभा-समारोह, कुछ संगीत-नर्तन... मेरी दिन की दिनचर्या कभी नहीं बदली—क्योंकि रात की आपबीती नहीं बदली...जब दो शरीर पास आते हैं, तो सम्मिलन का व्यक्तिगत इतिहास बनता है—निकट आने की पूरी प्रक्रिया...सह साझेदारी मेरे जीवन में कभी नहीं आयी...ऋतुएँ पर ऋतुएँ बदलती गयीं,...ग्रीष्म आया तो देह पर चन्दन पोत लिया...वर्षा आयी तो श्वेत-वस्त्र पहन लिए...शरद आया तो कानों में नील कमल इतना ही होता है? यह कहीं पति-पत्नी की रातों को नहीं छूता?

ओक्काक : मैं नहीं जानता।

शीलवती : तुम चाहो, तो भी नहीं जान सकते...लेकिन तुम्हारे साथ मैं भी इस जानकारी से वंचित रहूँ? क्यों? किसलिए

ओक्काक : वैवाहिक जीवन की कुछ मार्यादा भी होती है।

शीलवती : निभायी है मैंने। ...और पाँच वर्ष तक मर्यादा निभाने में उतना सन्तोष नहीं मिला, जितनी तृप्ति इस एक रात में मिली है! ...बोलो...? किसे मानूँ? ...किसको दूँ महत्त्व?''[26]

शीलवती 'स्त्री' को ''प्रयुक्त वस्तु'' (कामोडिटी) मानने से इनकार करती है। राज्य के अधिकारीगण उससे आशा करते हैं कि वह एक रात के लिए किसी भी पुरुष से सम्बन्ध स्थापित करके राज्य को एक उत्तराधिकारी प्रदान करेगी, लेकिन शीलवती अपने को उत्तराधिकारी पैदा करने वाली मशीन नहीं मानती। वह केवल शारीरिक सुख को प्राथमिकता देती है, मातृत्व को गौण उत्पादन मानती है। राज्य के अधिकारीगण जब धर्म, शील, मर्यादा और आचरण की दुहाई देते हैं तो शीलवती इन सभी प्रकार के संस्थानों को चुनौती देती है और कहती है कि ये सब पुस्तकीय और मिथ्या हैं। इनसे जीवन नहीं जिया जा सकता है। यही धर्म, शील, मर्यादा और आचरण पुरुष के लिए अलग होते हैं और स्त्री के लिए अलग। शीलवती पुरुष और स्त्री पर लागू होने वाले इन दोहरे मानदंडों के खिलाफ़ है। वह समझती है कि ये मानदण्ड पुरुष को तो सभी प्रकार की स्वाधीनता प्रदान करते हैं, लेकिन जब स्त्री अपनी इच्छा पूर्ति करना चाहती है, तो मार्ग में अवरोध बनकर खड़े हो जाते हैं। इसीलिए एक आधुनिक भारतीय नारी के प्रतिनिधि के रूप में वह तमाम परम्परिक प्रतिमानों को अस्वीकार करती देती है और अपने व्यक्तिगत सुख को प्राथमिकता देती है।

महामात्य : "लेकिन संसार में आचरण के भी कुछ नियम हैं। दो व्यक्तिगत के बीच..मर्यादा की एक सीमा होती है, जिसका उल्लंघन किसी भी दृष्टि से...।

शीलवती : (विद्रूप से) महामात्य! इन खोखले शब्दों का जादू टूट चुका है अब! (महामात्य, राजपुरोहित, महाबलाधिकृत एवं ओक्काक की ओर बारी-बारी से देखती है) मर्यादा! ...धर्म! ...शील! ...वैवाहिक बन्धन!...(सबकी ओर पीठ कर आगे आ जाती है) सब मिथ्या! ...सब आडम्बर!...सब पुस्तकीय! ...(उद्धत सी) लेकिन मुझे पुस्तक नहीं जीना अब।

...मुझे जीवन जीना है। ...नारित्व की सार्थकता मातृत्व में नहीं है, महामात्य! है केवल पुरुष से संयोग के इस सुख में। मातृत्व केवल एक गौण उत्पादन है।''[27]

यदि राज्य के अधिकारी गण शीलवती का उपयोग उत्तराधिकारी की प्राप्ति के लिए करना चाहते हैं तो उसका पति ओक्काक उसका उपयोग अपनी ''जैविक कमी'' (नपुंसकता) को दूर करने के लिए करना चाहता है क्योंकि राजवैद्य की सलाह थी कि पत्नी के साहचर्य में ओक्काक की नपुंसकता ख़त्म हो सकती है। शीलवती एक जीती-जागती नारी के ऊपर प्रयोग किये जाने को भावना का दुरुपयोग मानती है। वह अपनी शारीरीक माँग को अनिवार्य बताती है और कहती है कि स्त्री कोई साधन नहीं है जिस पर तरह-तरह के प्रयोग किये जा सकें, उसकी इच्छा के विरूद्ध। ओक्काक और शीलवती की टकराहट वस्तुतः एक पुरुष और एक स्त्री की आकांक्षा की टकराहट है :

ओक्काक : "अर्थात् अब तुम किसी ...मर्यादा का पालन नहीं करोगी?

शीलवती : कितनी ही युवतियाँ हैं, जो ब्याह से पहले ही कुमारी नहीं रहतीं...और मैं ब्याहता होकर भी ब्रह्मचारिणी थी...लेकिन कब तक...मैं एक मामूली स्त्री हूँ। जब शरीर के माध्यम से जीती हूँ, तो शरीर की माँगों को कैसे नकार सकती हूँ?

ओक्काक : (तिरस्कार से) तुम यहाँ तक जा सकती हो? अपने स्वार्थ के लिए...!

शीलवती : (स्थिर दृष्टि से देखती है) और तुम कितने परमार्थी हो, जो बिना सामर्थ्य के ब्याह जैसा जघन्य पाप कर सकते हो? ...राजवैद्य ने कहा था कि जब कामना की पूरी ऊष्मा के साथ पत्नी तुम्हारा आह्वान करेगी, तो उस मनोवैज्ञानिक क्षण में अपने-आप...यानी मैं तुम्हारे लिए केवल जड़ी-बूटी थी? केवल एक उपचार?...तुमने यह नहीं सोचा कि अगर वह चिकित्सा बेकार गयी, तो इस जीवन्त औषधि पर क्या बीतेगी?''[28]

'शीलवती' की तरह 'देवयानी' भी स्त्री को बंधक बनाने वाले संस्थान के सभी रूपों से लोहा लेती हैं। परम्परा ओर मर्यादा के नाम पर हजारों वर्षों से जकड़ी हुई स्त्री की स्वाभाविक प्रतिक्रिया उसके वक्तव्यों में सुनायी पड़ती है।

'स्वयंवर', 'सप्तपदी', 'अग्निहोत्र' जैसी रीतियों को पूरी तरह नकारती हुई वह पूरी प्रखरता से अपनी स्वाधीनता का ऐलान करती है :

"आइ एम सॉरी साधन
मैं तुम्हें अपनी अन्तिम पसन्द नहीं समझती...
मैं तुम्हारी सप्तपदी को
एक तरह की चहलकदमी समझती हूँ
तुम्हारे अग्निहोत्र को
सिगड़ी जलने का पूर्वाभ्यास
अपने पत्नी नाम को
महज एक सीजनल टिकट
तुम्हारे दर्शनग्रन्थों को
कबाड़ी के लिए सुरक्षित रखा
ढेर।
श्वेतकेतु ने यह कहा था
वह कहा था
कहा होगा, अपनी माँ के लिए, अपने पिता के लिए
मैं उसे कानून नहीं मानती।
मैं तुम्हारी सूक्तियों
आर्ष वचनों
आशीर्वादों
सन्दर्भों-इतिवृत्तों से
एकदम बोर हो गयी हूँ।
मैंने बोर होकर चादर फाड़ डाली है।
लेकिन मैं अपनी ताकत-का
सामना करुँगी
और अन्तिम सत्य
या बुद्धज्ञान भले न मिले
एक बार
सारे वेद वाक्यों को पीटकर
पीछे हटूँगी।
मेरी मुराद छोटी-सी है।

मैं सारी परम्परा को
अपने सामने पराजित
हकलाती हुई देखना चाहती हूँ।"[29]

वस्तुतः 'शीलवती' और 'देवयानी' स्वातन्त्र्योत्तर भारत की उस आधुनिक नारी का प्रतीक है, जिसकी आकांक्षा को बहुत सीधे-साधे ढंग से सरलीकृत रूप में अभिव्यक्त नहीं किया जा सकता। सभ्यता के विस्तार के साथ-साथ जटिल होते जाते मानव-जीवन की अनेक माँगें, जो आपस में उलझी हुई हैं, उसमें सम्मिलित हैं। अब स्त्री की इच्छा को केवल भौतिक समृद्धि, मानसिक शान्ति, भावनात्मक साहचर्य या सामाजिक प्रतिष्ठा या शारीरिक सुख तक सीमित नहीं किया जा सकता बल्कि उसे सभी चीज़ें चाहिए। वस्तुतः आज की स्त्री की आकांक्षाएँ एक उलझी हुई माँग है, जिसे शीलवती ने नाटक के इस अन्तिम संवाद में बहुत सार्थक ढंग से व्यक्त किया है :

"जब आत्मसन्तोष की अन्धी दौड़ हो—व्यक्तिगत सुख की खोज...तो जीवन बहुत जटिल होता है, ओक्काक और उसकी माँगें भी उतनी ही उलझी हुई...पूर्ति के लिए एक से अधिक व्यक्ति चाहिए...किसी से समाज में स्थान, किसी से भौतिक सुविधाएँ, किसी से भावना की तृप्ति...किसी से शरीर का सुख...।"[30]

"आठवाँ संर्ग" कालिदास के जीवनवृत पर आधारित सुरेन्द्र वर्मा का एक महत्त्वपूर्ण नाटक है। इसकी नायिका और कालिदास की पत्नी प्रियंगुमंजरी की आकांक्षा प्रकृति की तरह उन्मुक्त और स्वाभाविक बनने की है। नगर में उसका जन्म हुआ है, और पालन-पोषण भी, लेकिन नगर के कृत्रिम जीवन-पद्धति से उसे चिढ़ है। वह उन्मुक्त प्रकृति की तरह स्वतन्त्र होना चाहती है, सहज होना चाहती है। अपनी इस आकांक्षा को वह इन शब्दों में व्यक्त करती है :

"जानते हो, प्रियंगु की एक बहुत बड़ी महत्त्वकांक्षा क्या है?

...तुम्हें तो पता है प्रियंगु का जन्म नगर में हुआ है। प्रियंगु का जीवनयापन नगर में हुआ है...प्रियंग बिल्कुल नहीं जानती कि जीवन में प्रकृति की अनिवार्यता क्या होती है? क्योकि उसने प्रकृति को किस तरह से देखा है? राजप्रासाद के बनावटी रूपान्तरों में अथवा कभी दिन भर के लिए राजधानी से बाहर निकलकर! ...इसलिए उसके मन में इस बात का बड़ा मोह है कि वह दिनचर्या में प्रकृति के गुंथ जाने की प्रक्रिया को जाने-समझे।"[31]

इस प्रकार स्वातन्त्र्योत्तर हिन्दी कथेतर गद्य रचनाओं में स्त्री-आकांक्षा के विविध आयाम और साथ ही संस्थानों के विविध रूपों से उनकी टकराहट को बड़े प्रामाणिक रूप से अभिव्यक्त किया गया है। इस स्त्री-आकांक्षा में भारतीय

नारी-मन की सभी प्रकार की इच्छाएँ शामिल हैं—आर्थिक स्वनिर्भरता, भौतिक समृद्धि, शान्ति और स्थायित्व, समाजिक प्रतिष्ठा, स्वाधीन व्यक्तित्त्व, भावनात्मक सहचर्य आदि। लेकिन आकांक्षा और उनकी पूर्ति के बीच अनेक प्रकार की बाधाएँ होती हैं। राजनीति, धर्म, समाज, नैतिकता आदि अनेक प्रकार के संस्थान आकांक्षा की पूर्ति में बाधा डालते हैं। भारतीय नारियों को भी अपनी आकांक्षा की पूति के लिए संस्थानों के इन विविध रूपों से टकराना पड़ा है। इस संघर्ष-प्रक्रिया में कभी वे सफल हुई हैं और कभी असफल। अपनी इच्छाओं और सपनों के साथ जीवन-जीती हुई स्त्री और इस प्रक्रिया में सफलता-असफलता के दोनों ध्रुवों के बीच हिचकोले खाती स्त्री स्वातन्त्रयोत्तर हिन्दी रचनाओं का केन्द्रीय सरोकार है। इस दौर में प्रकाशित नाटकों, एकांकियों और अन्य कथेतर गद्य रचनाओं में भी स्त्री आकांक्षा के विविध-आयामों को गहरी संवेदनशीलता और विश्वसनीयता के साथ प्रस्तुत किया गया है।

सन्दर्भ

1. नेमी चन्द्र जैन (सं.), मोहन राकेश के सम्पूर्ण नाटक, राजपाल एण्ड सन्स, कश्मीरी गेट, दिल्ली, दूसरा संस्करण 1999, पृ. 90-91
2. जयशंकर प्रसाद, ध्रुवस्वामिनी, साहित्य सेवा प्रकाशन, वाराणसी, पृ. 43
3. नेमी चन्द्र जैन (सं.), मोहन राकेश के संपूर्ण नाटक, राजपाल एण्ड सन्स, कश्मीरी गेट, दिल्ली, दूसरा संस्करण 1999, पृ. 78-79
4. उपर्युक्त, पृ. 148
5. उपर्युक्त, पृ. 150
6. उपर्युक्त, पृ. 151
7. उपर्युक्त, पृ. 193-195
8. उपर्युक्त, पृ. 331
9. उपर्युक्त, पृ. 317
10. उपर्युक्त, पृ. 323
11. सुरेन्द्र वर्मा, नींद क्यों रात भर नहीं आती (एकांकी संग्रह), पृ. 27
12. उपर्युक्त, पृ. 93
13. सुरेन्द्र वर्मा, अँधेरे से परे, (उपन्यास) पृ. 39
14. सुरेन्द्र वर्मा, शंकुतला की अंगूठी, (नाटक), पृ. 105
15. सुरेन्द्र वर्मा, द्रौपदी : "तीन नाटक", पृ. 118-119
16. सुरेन्द्र वर्मा, पुष्पशय्या, प्यार की बातें तथा अन्य कहानियाँ, पृ. 129
17. द्रौपदी : "तीन नाटक", पृ. 199-120
18. अन्धेरे से परे (उपन्यास), पृ. 151-152

19. वे नाक से बोलते हैं : नींद क्यों रात भर नहीं आती, पृ. 38-39
20. शकुन्तला की अंगूठी, पृ. 51-52
21. पुष्प शय्या : प्यार की बातें तथा अन्य कहानियाँ, पृ. 151-152
22. सुरेन्द्र वर्मा, सेतुबन्ध : तीन नाटक, पृ. 28-29
23. उपर्युक्त, पृ. 35
24. उपर्युक्त, पृ. 35
25. सुरेन्द्र वर्मा, सूर्य की अन्तिम किरण से सूर्य की पहली किरण तक, पृ. 27
26. उपर्युक्त, पृ. 48-49
27. उपर्युक्त, पृ. 51
28. उपर्युक्त, पृ. 54
29. रमेश बक्षी, 'देवयानी का कहना है' (नाटक), पृ. 117
30. सूर्य की अन्तिम किरण से सूर्य की पहली किरण तक, पृ. 55
31. आठवाँ सर्ग, पृ. 50-51

तृतीय अध्याय

कोरोना के बहाने इक्कीसवीं सदी में महिलाओं की स्थिति पर एक बहस

पिछले अध्यायों में स्वतन्त्रता पूर्व और स्वतन्त्रता के बाद भारतीय समाज में स्त्रियों की स्थिति एवं भारतीय साहित्य विशेषकर हिन्दी साहित्य में इसके रूपांकन पर विस्तार से विचार किया गया है। लेकिन यह विवेचन मुख्यतः उन्नीसवीं और बीसवीं शताब्दी के विभिन्न कालखण्ड के परिप्रेक्ष्य में है। इक्कीसवीं सदी के भारतीय समाज में होने वाले परिवर्तन और इनके बरअक्स भारतीय नारियों की स्थिति का आकलन अत्यन्त प्रासंगिक विषय है। यह विषय दुनिया भर में कोरोना महामारी के कारण उत्पन्न व्यापक उथल-पुथल और इसके कारण सामाजिक एवं आर्थिक जीवन में होने वाले युगान्तकारी प्रभाव के कारण और भी प्रासंगिक हो गया है। इस अध्याय में मुख्य रूप से इक्कीसवीं सदी के सामाजिक बदलावों और इसके परिप्रेक्ष्य में स्त्रियों के जीवन पर पड़ने वाले प्रभावों को रेखांकित करने का प्रयास किया गया है। आज जब भारतीय स्वतन्त्रता की 75वीं वर्षगाँठ को अमृत महोत्सव के रूप में मनाने की तैयारी जोरशोर से चल रही है यह आकलन का समुचित समय है कि स्वतन्त्रता प्राप्ति के 75 वर्षों बाद समाज के हर वर्ग को सामाजिक एवं आर्थिक विकास में समान अवसर मिल पाया है कि नहीं ताकि सभी भारतीयों के लिए यह अवसर वास्तव में अमृत महोत्सव बन सके।

बीसवीं सदी के उत्तरार्द्ध और इक्कीसवीं सदी में भारत में महिला उत्थान से सम्बन्धित अनेक महत्त्वपूर्ण क़दम उठाये गये जिसमें 1992 में राष्ट्रीय महिला आयोग एक को सर्वाधिक महत्त्वपूर्ण क़दम माना जा सकता है। आयोग का मुख्य उद्देश्य महिला उत्थान से सम्बन्धित सभी पहलुओं पर विचार करके उसके लिए आवश्यक संवैधानिक एवं क़ानूनी प्रावधानों को सुनिश्चित करना था।

इसके साथ ही केन्द्रीय संस्था के रूप में महिला एवं बाल विकास मन्त्रालय का दायित्व महिला सशक्तीकरण एवं कल्याण के विभिन्न कार्यक्रमों का संयोजन एवं क्रियान्वयन है। विभिन्न संसदीय क़ानूनों के माध्यम से भी नारी कल्याण से जुड़े विभिन्न मुद्दों का हल तलाशने का प्रयास किया गया है। इन क़ानूनों में अनैतिक व्यापार निवारण अधिनियम 1956, मातृत्व लाभ अधिनियम 1961, समान पारिश्रमिक अधिनियम 1976, गर्भधारण पूर्व और प्रसवपूर्व निदान तकनीक लिंग चयन प्रतिषेध अधिनियम 1994, घरेलू हिंसा से महिलाओं का संरक्षण अधिनियम 2005, कार्यस्थल पर महिलाओं का लैंगिक उत्पीड़न निवारण प्रतिषेध एवं प्रतितोषी अधिनियम आदि प्रमुख हैं।

उपर्युक्त क़ानूनी प्रावधानों एवं सरकारी नीतियों के बावजूद इक्कीसवीं सदी के इस दौर में भी महिलाओं को अपने हक के लिए संघर्ष करना पड़ रहा है। आर्थिक, राजनीतिक, सामाजिक सभी क्षेत्रों में महिलाओं के ख़िलाफ़ भेदभाव का दौर बदस्तूर जारी है। विश्व के अनेक देशों में सार्वजनिक जीवन में स्त्रियों की भागीदारी घट रही है। अफ़ग़ानिस्तान और ईरान जैसे देशों में तो उनकी भागीदारी पर सार्वजनिक तौर पर प्रतिबन्ध है ही, विश्व के अन्य समाजों में भी बराबरी के लिए उन्हें लगातार संघर्ष करना पड़ रहा है, चाहे वह राजनीति और नेतृत्व के पदों पर उनके प्रतिनिधित्व का सवाल हो या विज्ञान एवं प्रौद्योगिकी संस्थानों में उनकी भागीदारी का या व्यावसायिक प्रतिष्ठानों के स्वामित्व का अथवा सेना के महत्त्वपूर्ण पदों पर तैनाती का हो। वैश्विक जनसंख्या पर 2020 की अपनी रिपोर्ट में संयुक्त राष्ट्रसंघ ने इस बात का खुलासा किया है कि 1970 से 2020 तक के 50 वर्षों में दुनिया में गुम हुई स्त्रियों की संख्या में दोगुने से भी अधिक का इज़ाफ़ा हुआ है। 1970 में जहाँ गुम होने वाली स्त्रियों की संख्या 6.1 करोड़ थी, वह 2020 में बढ़कर 14.2 करोड़ तक पहुँच चुकी है। यहाँ यह समझना महत्त्वपूर्ण है कि ये गुम हो जानेवाली स्त्रियाँ कौन हैं और किस कारण से गुम हो गयी हैं? वास्तव में किसी ख़ास समय में जनसंख्या में शामिल न हो पानेवाली वे स्त्रियाँ हैं जो गर्भधारण पूर्व और गर्भधारण पश्चात लिंग चयन की नीतियों के कारण इस दुनिया में कभी आ नहीं पायीं। दुःखद बात यह है कि भेदभावपूर्ण लैंगिक नीतियों और बेटे की अदम्य कामना के कारण भारत में इन पचास वर्षों में लगभग साढ़े चार करोड़ बेटियाँ अजन्मा ही रह गयीं। स्थिति की विकरालता का अनुमान इस बात से लगाया जा सकता है कि पूरी दुनिया में अजन्मी बालिकाओं के 90-95 प्रतिशत मामले चीन और भारत में संयुक्त रूप से हैं, जो लगभग 1.2 करोड़ से 1.5 करोड़ सालाना के बीच है।[1]

स्त्रियों के जीवन को व्यापक रूप से प्रभावित करने वाली कुप्रथाएँ जैसे बाल-विवाह और खतना आज भी विश्व के अनेक भागों में प्रचलित हैं। खतना जो आमतौर पर लड़कियों का किया जाता है, न केवल स्वास्थ्य और दैहिक स्वतन्त्रता के उनके मूलभूत अधिकारों का हनन करता है, बल्कि यह एक स्त्री के लिए आजीवन शारीरिक एवं मानसिक यन्त्रणा का कारण बन जाता है। संयुक्त राष्ट्र की रिपोर्ट के अनुसार आज जीवित महिलाओं की आबादी में से लगभग 20 करोड़ इस कुप्रथा की शिकार हैं।[2]

बाल-विवाह यद्यपि क़ानूनी तौर पर दुनिया के लगभग सभी देशों में प्रतिबन्धित है, लेकिन आज भी विभिन्न समाजों और संस्कृतियों में इसका चलन बेरोकटोक जारी है। संयुक्त राष्ट्र संघ की रिपोर्ट के अनुसार दुनिया के अलग-अलग हिस्सों में हर रोज़ क़रीब तैंतीस हज़ार बाल-विवाह आज भी सम्पन्न किये जा रहे हैं। बाल-विवाह के कारण कम उम्र में गर्भधारण की समस्या के कारण हर रोज़ न केवल हज़ारों की संख्या में बालिकाएँ असमय मृत्यु का शिकार होती हैं बल्कि उनकी शिक्षा दीक्षा और रोज़गार के अवसर पर भी प्रतिकूल प्रभाव पड़ता है। दरअसल आज भी मातृत्व महिलाओं की सामाजिक और आर्थिक गतिशीलता को प्रभावित करने वाला एक महत्त्वपूर्ण कारण है। इसके उलट पुरुषों की क्रियाशीलता पर पितृत्व का कोई नकारात्मक प्रभाव नहीं पड़ता है, बल्कि कई मायनों में यह उनके सामाजिक ओहदे में वृद्धि ही करता है। मातृत्व के तुरन्त बाद अधिकांश कामकाजी महिलाएँ श्रम बाज़ार से बाहर हो जाती हैं और उस जगह को फिर से पाने के लिए उन्हें एड़ी-चोटी का ज़ोर लगाना पड़ता है। जब वे फिर से श्रम बाज़ार में आती भी हैं तो परिवार और कार्यस्थल दोनों को साधने की कोशिश में वे आजीवन हलकान रहती हैं क्योंकि परम्परागत रूप से घर के कार्यों ख़ासकर बच्चों के भरण-पोषण का दायित्व स्त्री का ही माना जाता है। इसके बावजूद हाल फ़िलहाल तक बच्चों के अस्तित्व को परिभाषित करने वाले अधिकतर दस्तावेज़ों में माँ के नाम का कोई वजूद नहीं था। इस स्थिति में परिवर्तन गीता हरिहरन बनाम रिज़र्व बैंक ऑफ़ इंडिया[3] के मामले में 1999 में सर्वोच्च न्यायालय के फ़ैसले से आया जिसमें भारत सरकार के सभी विभागों के लिए विद्यालय में प्रवेश से लेकर बैंक खाता खोलने तथा पासपोर्ट आदि महत्त्वपूर्ण दस्तावेज़ों में माँ के नाम का उल्लेख करना अनिवार्य बना दिया गया।

जन्म से लेकर मृत्युपर्यन्त आज भी जीवन के अनेक क्षेत्रों में महिलाओं को भेदभाव का सामना करना पड़ता है। भारतीय संविधान में समता और अवसर की समानता की गारंटी दिये जाने के बाजवूद भेदभाव को समाप्त करने के लिए

महिलाओं को लम्बी जद्दोजहद करनी पड़ती है। इसका ताज़ा उदाहाण फ़रवरी 2020 में सर्वोच्च न्यायालय द्वारा दिया गया फैसला है जिसमें भारत सरकार को सेना के सभी अंगों में महिलाओं को स्थायी कमीशन देने तथा उच्च पदों पर उनकी दावेदारी पर विचार करने के लिए कहा गया।[4] भारतीय स्वाधीनता आन्दोलन के समय से महिलाओं ने राष्ट्र की रक्षा में महत्त्वपूर्ण भूमिका अदा की है। 1992 में भारतीय सेना में प्रवेश मिलने के बाद उन्होंने कई मोर्चों पर अपनी भूमिका का निर्वाह किया है। फिर भी यह परम्परागत मानसिकता का ही नतीजा है कि सेना को लोग पुरुषों का ही काम मानते हैं। भारतीय सेना से ही सम्बन्धित एक अन्य प्रकरण में सर्वोच्च न्यायालय ने अपने ऐतिहासिक फ़ैसले के माध्यम से राष्ट्रीय रक्षा अकादमी एनडीए तथा भारतीय नौ सेना अकादमी आईएनए की प्रवेश परीक्षा में महिलाओं के लिए मार्ग प्रशस्त कर किया। भारत सरकार के तर्कों को ख़ारिज करते हुए सर्वोच्च न्यायालय ने कहा कि भारतीय सेना में महिलाओं के प्रवेश को प्रतिबन्धित करना भेदभावपूर्ण नीति है और यह संविधान द्वारा प्रदत्त क्षमता और अवसर की समानता के सिद्धान्त के विरुद्ध है।[5] उल्लेखनीय है कि सर्वोच्च न्यायालय के हस्तक्षेप और महिलाओं के संघर्ष के बाद ही सेना में महिलाओं के अधिकार और सम्मान की बहाली हो पा रही है। यद्यपि सर्वोच्च न्यायालय ने भारतीय सेना में लैंगिक समानता के लिए क़ानूनी मार्ग प्रशस्त कर दिया है लेकिन सही मायने में इस स्थिति तक पहुँचने के लिए लम्बे संघर्ष से गुजरना पड़ेगा।

इक्कीसवीं सदी में तेज़ आर्थिक विकास और कई नये क्षेत्राों में महिलाओं की भागीदारी के बावजूद भारत में आर्थिक क्षेत्र में इनकी हिस्सेदारी घटी है। यही नहीं औद्योगिक एवं व्यावसायिक प्रतिष्ठानों के स्वामित्व एवं इनमें उच्च पदों पर महिलाओं का प्रतिनिधित्व भी काफ़ी कम है। विश्व बैंक के उद्यमिता सर्वेक्षण के अनुसार 2014 में भारत के कुल व्यावसायिक प्रतिष्ठानों में महिलाओं का स्वामित्व केवल 10.7 प्रतिशत था तथा नेतृत्व के पदों पर महिलाओं का प्रतिनिधित्व महज़ नौ प्रतिशत सीमित था। लोक नीति से सम्बन्धित विशेषज्ञ समूह ऑब्ज़र्बर रिसर्च फाउंडेशन से जुड़ी सबरीना कोरेक इस सम्बन्ध में कहती हैं :

''उद्यमिता के क्षेत्र में महिलाओं की सीमित भागीदारी महिला उद्यमिता सूचकांक में भारत को मिले नगण्य अंकों से प्रतिध्वनित होती है। 57 देशों के सर्वेक्षण में इस मामले में भारत को 52वाँ स्थान दिया गया है। देश में बहुत कम महिलाएँ व्यावसायिक प्रतिष्ठानों की स्वामी हैं इससे व्यवसाय के क्षेत्र में उनकी सीमित भागीदारी की बृहत्तर प्रवृत्ति का संकेत मिलता है।

यह तथ्य न केवल उनकी सीमित भागीदारी को दर्शाता है बल्कि इस बात की ओर भी इशारा करता है कि उद्यमी पेशेवर या तकनीकी विशेषज्ञ बनने के लिए महिलाओं के पास अवसर बहुत कम हैं।"[6]

हाल के दिनों में उद्यमिता का क्षेत्र नयी सम्भावना के रूप में उभर सामने आया है, लेकिन इस क्षेत्र में भी महिलाओं की भागीदारी नगण्य है। भारत के आर्थिक सर्वेक्षण 2019-20 के अनुसार भारत में पंजीकृत 27084 स्टार्टअप में केवल 4.3 प्रतिशत ऐसे थे जिनमें कम-से-कम एक महिला निदेशक थी। भारत के स्टार्टअप परिदृश्य में महिलाओं की नगण्य हिस्सेदारी एक व्यापक लैंगिक असमानता की ओर इशारा करती है। दरअसल पारिवारिक ढाँचे के साथ-साथ वित्तीय संस्थान भी महिला उद्यमी को प्रोत्साहित नहीं करते हैं। अतः छोटी से छोटी बाधा आने पर भी ये महिला उद्यमी हतोत्साहित हो जाती हैं। संयुक्त राष्ट्र संघ विकास कार्यक्रम की नवोन्मेष वित्त सहायक किया सक्सेना इस सम्बन्ध में कहती हैं कि भारत के स्टार्टअप परिदृश्य से महिलाएँ ग़ायब हैं क्योंकि जो महिलाएँ अपना उद्यम शुरू करती हैं वे या तो हाशिए पर रह जाती है या व्यावसायिक तौर पर उन्हें ठीक से प्रशिक्षण नहीं मिलता है। जब उन्हें वित्त मुहैया कराने की बात आती है तो न केवल उनका परीक्षण इस बात को लेकर किया जाता है कि वे अपने व्यवसाय का प्रबन्धन कैसे करेंगी, बल्कि इसको लेकर भी कि वे अपने परिवार का भरण-पोषण कैसे कर पायेंगी? एक पुरुष उद्यमी को इस कठिन एवं दोहरे मानदण्ड पर परखा नहीं जाता है। इस सम्बन्ध में प्रसिद्ध दवा निर्माता कम्पनी बायोकोन की संस्थापक किरण मजूमदार इस बात को साझा करती हैं कि महिला उद्यमी को लेकर संस्थापकों के मन में संशय बना रहता है जैसा कि उनके साथ ही हुआ था।

आर्थिक और व्यावसायिक क्षेत्रा में महिलाओं की सीमित भागीदारी और उनकी घटती भूमिका का दुष्परिणाम न केवल उन महिलाओं को भुगतना पड़ता है बल्कि उस देश और समाज को भी जहाँ आर्थिक वृद्धि और विकास की पूरी सम्भावना साकार नहीं हो पाती है। सबरीना कोरेक के अनुसार :

"जिस समाज में महिलाएँ अपनी पूरी क्षमता का उपयोग नहीं कर पाती हैं, वह नवोन्मेष, आर्थिक विकास और रोज़गार सृजन के मोर्चे पर पिछड़ जाता है। उदाहरण के तौर पर एक हालिया अध्ययन इस बात की ओर इंगित करता है कि भारत में लैंगिक भेदभाव को कम करने से उसके सकल राष्ट्रीय उत्पाद में छह से आठ फ़ीसदी तक की वृद्धि हो सकती है। एक अन्य अध्ययन के मुताबिक़ भारत में महिला सशक्तीकरण को बढ़ावा देकर 2025 तक इसके सकल

राष्ट्रीय उत्पाद में 0.7 अरब डॉलर तक इज़ाफ़ा हो सकता है जो वर्तमान स्थिति के मुक़ाबले 16 प्रतिशत अधिक है। इसके अलावा महिलाओं की पूरी क्षमता का उपयोग करने के लिए उद्यमिता को बढ़ावा देना आवश्यक है जिससे 2030 तक सतत विकास के लक्ष्य को हासिल करना सम्भव हो पायेगा।"[7]

केवल आर्थिक और व्यावसायिक परिदृश्य पर नहीं सार्वजनिक जीवन के अन्य महत्त्वपूर्ण क्षेत्रों जैसे विधायिका और न्यायपालिका में भी महिलाओं का प्रतिनिधित्व काफ़ी कम है। महिला प्रत्याशियों की जीत का शानदार रिकॉर्ड होने के बावजूद लोकसभा, राज्यसभा एवं राज्यों की विधानसभाओं में इनका प्रतिनिधित्व बहुत कम है। 2019 के लोकसभा चुनाव में भारतीय जनता पार्टी की महिला प्रत्याशियों के जीतने की दर 75.47 प्रतिशत रही जबकि बीजू जनता दल के मामले में यह 71.42 प्रतिशत एवं तृणमूल कांग्रेस के मामले में 39.13 प्रतिशत रही है। इसके बावजूद वर्तमान लोकसभा में कुल महिला सांसदों की संख्या 78 है जो कुल सीट का महज़ 14.39 प्रतिशत है। इसी तरह राज्यसभा में यह अनुपात वर्तमान में 10.2 प्रतिशत है। 1957 से आज तक राज्यसभा में महिला सांसदों का औसत प्रतिनिधित्व दस फ़ीसदी से भी कम रहा है। जहाँ तक राज्यों की विधान सभाओं का सवाल है, तो उसमें महिलाओं की औसत भागेदारी महज 8 प्रतिशत है। पुरुषों के मामले में यह 86 से लेकर 100 प्रतिशत तक है। कई राज्य ऐसे है जहाँ कोई महिला विधायक नहीं है। जहाँ तक न्यायपालिका का सवाल है इसमें महिलाओं का प्रतिनिधित्व हमेशा से कम रहा है। सर्वोच्च न्यायालय में प्रथम महिला जज की नियुक्ति भारत के स्वाधीन होने के 39 वर्षों बाद 1989 में हुई। उसके बाद केवल 10 और महिला जजों की नियुक्ति हो पायी है जिनमें से तीन की नियुक्ति अभी हाल में अगस्त 2021 में हुई है। उच्च न्यायालयों में भी महिला जजों का अनुपात कतई बेहतर नहीं कहा जा सकता है। देश के सभी उच्च न्यायालयों को मिलाकर महिला जजों का प्रतिनिधित्व केवल 11 प्रतिशत है जबकि मणिपुर, मेघालय, पटना और उत्तराखण्ड उच्च न्यायालयों में अब तक किसी महिला जज की नियुक्ति नहीं हो पायी है। सर्वोच्च न्यायालय में तो यह स्थिति और भी ख़राब है। इसमें अब तक नियुक्त 256 जजों में से केवल 11 ही महिला हैं, जो महज़ 4.2 फ़ीसदी है।

उपर्युक्त आँकड़ों से स्पष्ट है कि संवैधानिक प्रावधानों और तमाम सरकारी योजनाओं के बावजूद भारत में सार्वजनिक जीवन को प्रभावित करने वाले क्षेत्रों में महिलाओं का प्रतिनिधित्व काफ़ी कम है। यदि नीति निर्णायक उच्च पदों की बात करें तो यह अनुपात और भी कम है। विज्ञान और प्रौद्योगिकी,

वैज्ञानिक अन्वेषण और विकास के क्षेत्र में महिलाओं की अत्यन्त कम भागीदारी इसी व्यापक परिदृश्य का विस्तार कहा जा सकता है। भारत में जबकि महिलाओं ने भारतीय अन्तरिक्ष अनुसन्धान के 'चन्द्रयान' और 'मंगलयान' मिशन से लेकर वैज्ञानिक अनुसन्धान के अनेक क्षेत्रों में अपनी महत्त्वपूर्ण भूमिका अदा की है। राष्ट्रीय विज्ञान दिवस के मौके पर इस विडम्बनापूर्ण स्थिति को रेखांकित करते हुए राष्ट्रपति कोविंद कहते हैं :

"अत्यन्त प्रतिभावान महिला वैज्ञानिकों की मौजूदगी के बावजूद भारत के अन्वेषण एवं विकास के क्षेत्र में कार्यरत श्रमबल में उनकी हिस्सेदारी 15 प्रतिशत से भी कम है जबकि राष्ट्रीय कार्यदल की रिपोर्ट के अनुसार वैश्विक स्तर पर यह तीस प्रतिशत के क़रीब है। विज्ञान और प्रौद्योगिकी से सम्बन्धित शिक्षण संस्थानों में भी स्थिति कोई बेहतर नहीं है। विज्ञान विषय का अध्ययन करने वाली महिलाओं में से बहुत कम इस क्षेत्र में सफल कैरियर बना पाती हैं तथा इसके विकास से जुड़ी रहती हैं।"[8]

2019 के अन्त से पूरी दुनिया को प्रभावित करने वाली कोरोना महामारी ने महिलाओं की स्थिति को और संकटग्रस्त बना दिया है। भारतीय श्रमबल में पहले से ही कम हो रही उनकी भागीदारी इस महामारी के कारण बुरी तरह प्रभावित हुई है। अन्य आर्थिक संकट की तरह ही इससे सर्वाधिक और सबसे पहले प्रभावित होने वाले लोगों में सबसे बड़ी तादाद महिला कामगारों की है। प्रसिद्ध अर्थशास्त्री श्रुति राजगोपालन इस सम्बन्ध में कहती हैं कि :

"घरेलू काम करने वाले लाखों श्रमिक जिनमें अधिकांशतः महिलाएँ हैं, जीवनयापन के लिए संघर्ष कर रहे हैं। विद्यालय बन्द होने के कारण उनके बच्चे पढ़ाई के क्षेत्र में पिछड़ रहे हैं। बेरोज़गारों की बड़ी तादाद काम पाने के लिए आपस में प्रतिस्पर्धा कर रहे हैं, अतः महामारी के बाद श्रम बाज़ार में सौदेबाजी के लिए इनके पास गुंजाइश बहुत कम है। इनमें से बहुत सारे लोग जीवनयापन के लिए अपने रिश्तेदारों की ओर देखने लगे हैं और स्थिति सामान्य होने के बाद भी इस परिस्थिति में बदलाव की गुंजाइश न के बराबर है।"[9]

दरअसल कोरोना महामारी के बाद हमने देश में मानवीय संवेदना को झकझोरने वाला दृश्य देखा जो कई पीढ़ियों ने अपने जीवन में नहीं देखा होगा। अनाज, स्वास्थ्य एवं अन्य बुनियादी सुविधाओं के सरकारी आश्वासनों के बावजूद यह सही समय पर ज़रूरतमन्दों तक नहीं पहुँचा। महामारी के पहले चरण में अधिकतर व्यावसायिक प्रतिष्ठानों और आवासीय कॉलोनी में वहाँ काम कर रहे

श्रमिकों के लिए दरवाज़े बन्द कर दिये गये। कई परिवारों और प्रतिष्ठानों ने या तो उनका वेतन बन्द कर दिया या उसमें भारी कटौती कर दी। महामारी जन्य आर्थिक बदहाली और लोगों की बेरुखी से त्रस्त कामगारों ने सार्वजनिक परिवहन सुविधाओं के अभाव में ऐसा अभूतपूर्व क़दम उठाया जो मानवीय आस्था को हिला देने वाला था। देश के महानगरों और बड़े शहरों से ये श्रमिक, परिवार सहित अपने घर लौटने लगे हज़ारों किलोमीटर की पैदल यात्रा करते हुए। कभी हुआ तो उन्हें ट्रकवालों का सहारा मिल गया। श्रमिकों के उस झुण्ड में पुरुष, स्त्री और बच्चे सभी शामिल थे। सभी भूख और बदहाली से त्रस्त थे, लेकिन महिलाओं को इसका भी ध्यान रखना था कि कहीं शौच जाते समय कोई देख न ले। ये प्रवासी श्रमिक शहरी अर्थव्यवस्था के मूल आधार थे, वर्षों से उद्योग, कारख़ाने और लोगों का घर चला रहे थे, इमारतें और सड़कें बना रहे थे, लेकिन अप्रत्याशित संकट के समय इन्हें सहारा नहीं मिल पाया। कोरोना जन्य आर्थिक संकट के कारण बड़े पैमाने पर कामगारों की छँटनी हुई लेकिन इसमें भी महिलाओं पर कहीं व्यापक असर पड़ा। भारत की श्रमशक्ति में पहले से ही कम भागीदारी रखनेवाली महिलाओं की तादाद और भी कम हो गयी। 'सेंटर फार मॉनीटरिंग इंडियन इकोनॉमी' के निदेशक श्री महेश व्यास के अनुसार भारत की श्रमशक्ति में महिलाओं का प्रतिनिधित्व घटकर महज़ 11 प्रतिशत रह गया, जो पहले से ही काफ़ी कम था। इसी दरम्यान महिलाओं में बेरोज़गारी दर बढ़कर 17 प्रतिशत हो गयी, जबकि पुरुषों के मामले में यह 6 प्रतिशत थी। महामारी का पहला दौर ख़त्म होने के बाद भी अधिकतर पुरुष अपनी अपनी इच्छानुसार नौकरी पाने में कामयाब रहे, जबकि केवल आधी महिलाएँ ही इसे फिर से प्राप्त कर सकी। इस सम्बन्ध में श्रुति राजगोपालन की टिप्पणी अत्यन्त सटीक जान पड़ती है।

''पूरी दुनिया में नौकरी गँवाने या बच्चों की परवरिश के कारण उससे विराम लेने पर महिलाओं को फिर से उसे पाने में काफ़ी जद्दोजहद करनी पड़ती है। भारत में तो यह बात और भी सच है। यहाँ भारी भरकम पारिवारिक अपेक्षाओं के कारण परम्परागत रूप से उस पर घरेलू कार्यों का अत्यधिक बोझ रहता है। इस हालात में स्थिति सामान्य होने के बाद भी युवा महिलाओं का यह जत्था कहीं पीछे छूट जायेगा।''[10]

आर्थिक बदहाली और बेरोज़गारी के अलावा महामारी जन्य एक अन्य दुष्प्रभाव भी महिलाओं की ज़िन्दगी पर व्यापक असर डाल रहा है। कुण्ठा और बेरोज़गारी के कारण परिवार के पुरुष सदस्यों में उपजे हिंसा और क्रोध की भागीदार ज़्यादातार महिलाएँ होती हैं। इसके साथ ही विद्यालयों के लम्बे समय

से बन्द रहने तथा पुलिस एवं न्यायालय के सीमित हस्तक्षेप के कारण लड़कियाँ यौन हिंसा, समयपूर्व गर्भधारण एवं बाल-विवाह का शिकार हो रही हैं। कॉमनवेल्थ की महासचिव पेट्रीशिया स्कॉटलैंड के अनुसार :

"महामारी के कारण लगनेवाले आवश्यक लॉकडाउन एवं आर्थिक दुष्प्रभाव घरेलू हिंसा और लैंगिक भेदभाव की भयावह तस्वीर पेश करते हैं।"

इस संकट की वजह से घरेलू हिंसा के मामले में अप्रत्याशित बढोत्तरी हुई है और पुरुषों में व्याप्त हताशा और आक्रोश का सामना मुख्यरूप से महिलाओं को ही करना पड़ता है।"[11]

कोरोना महामारी के महिलाओं पर पड़ने वाले दुष्प्रभाव को दोहरी महामारी की संज्ञा देते हुए वह आगे कहती हैं कि :

"वर्तमान कोरोना महामारी के दौरान विद्यालयों की लम्बे समय से बन्दी के कारण लड़के और लड़कियों के ज्ञान अर्जन में अन्तर आ गया है। इसके कारण अनेक लड़कियाँ यौनहिंसा, समयपूर्व गर्भधारण एवं जबरन विवाह जैसी–समस्याओं से घिर गयी हैं। पुलिस एवं स्वास्थ्यकर्मियों की घर पर सीमित आवाजाही के कारण बच्चे अपने साथ होने वाले दुर्व्यवहार की भी सूचना नहीं दे पाते। सुरक्षा गृहों के स्वास्थ्य केन्द्रों में परिवर्तन हो जाने एवं न्यायालयों के बंद होने की वजह से अनेक पीड़ित अपने को फँसा हुआ और असहाय महसूस कर रहे हैं।"[12]

यदि भारत से हटकर दुनिया के अन्य देशों की ओर भी देखें तो वहाँ भी लैंगिक भेदभाव के विभिन्न रूप देखने को मिलते हैं। तालिबान के सत्ता ग्रहण करने के बाद अफ़ग़ानिस्तान में तो महिलाओं की स्वतन्त्रता पर पाबन्दी लगाई ही गयी है, सार्वजनिक जीवन के महत्त्वपूर्ण क्षेत्रों में उनकी हिस्सेदारी को भी बिल्कुल सीमित कर दिया गया है। वहीं ईरान में एक महिला के हिजाब न पहनने के कारण 24 वर्ष कारागार की सज़ा सुनायी गयी है। अमेरिका में चर्चित कम्पनी गूगल (अल्फाबेट इनकॉरपोरेशन) के 10800 महिला कर्मचारियों ने समान वेतन न देने के कारण कम्पनी के ख़िलाफ़ केस दायर किया। यह मामला कैलिफोर्निया समान वेतन अधिनियम का उल्लंघन करने के कारण किया गया जिसे सैन फ्रांसिस्को की न्यायालय ने स्वीकार कर लिया। महिला कर्मचारियों की प्रतिनिधि अधिवक्ता कैली डरमोडी ने इसे तकनीकी क्षेत्र और ख़ासकर महिलाओं के लिए ऐतिहासिक दिन बताया।

उपर्युक्त चर्चा से स्पष्ट है कि इक्कीसवीं सदी के दौरान भी दुनिया के विभिन्न हिस्सों में लैंगिक भेदभाव के विविध रूप देखने को मिलते हैं। कोरोना महामारी ने वैश्विक स्तर पर इस असमानता को और भी बढ़ा दिया है।

महिलाएँ न केवल बेरोज़गारी से उत्पन्न आर्थिक संत्रास को झेल रही हैं बल्कि घर पर पुरुषों की कुण्ठा से उत्पन्न हिंसा का भी शिकार ही रही हैं। दरअसल में महिलाएँ इस समय दोहरी महामारी की मार झेल रही हैं।

इक्कीसवीं सदी के इन स्त्री प्रश्नों को भारतीय साहित्य ख़ासकर हिन्दी साहित्य में भी पूरी प्रखरता के साथ उठाया गया है। कई मायनों में इक्कीसवीं सदी का हिन्दी साहित्य बीसवीं सदी के अन्तिम दशक में उभरने वाले सरोकारों को विस्तार देने का कार्य करता है। इसके साथ ही सामाजिक बदलाव के साथ तारतम्य रखते हुए वह नयी दुनिया से हमारा साक्षात्कार कराता है और इसके माध्यम से वहाँ होने वाले उथल-पुथल एवं मानवीय संघर्ष से हम रूबरू होते हैं। इस मायने में चित्रा मुद्गल का उपन्यास 'एक ज़मीन अपनी' विज्ञापन की दुनिया के सच को प्रभावी तरीक़े से उद्घाटित करता है। विज्ञापन जगत की ईर्ष्या, अवसावादिता और इन सबके बीच लहूलुहान होती स्त्री की विडम्बनापूर्ण स्थिति को पूरी ईमानदारी के साथ चित्रित किया गया है। यहाँ स्त्री केवल ग्लैमर या उपयोग की वस्तु है, उसकी प्रतिभा और प्रतिबद्धता का यहाँ कोई मोल नहीं। कार्यकुशल एवं प्रतिभा सम्पन्न होने के बाजवूद गाँव से मुम्बई आयी 'अंकिता' को काम पाने के लिए जी तोड़ संघर्ष करना पड़ता है बावजूद इसके वह कोई महत्त्वपूर्ण काम हासिल नहीं कर पाती। इस सम्बन्ध में आत्मविश्लेषण करते हुए वह कहती है :

"एक वही थी जो फ्रीलांसर होने पर भी मात्र एक एजेंसी के लिए ही काम कर रही थी जबकि उसके विभाग की दोनों लड़कियाँ एक साथ कई-कई एजेंसियों में काम कर रही थीं और धड़ल्ले से कमा रही थीं। ऐसा नहीं कि उसने कभी अन्य एजेंसियों में काम पाने की कोशिश नहीं की। लेकिन कोशिश का विशेष उपयोगी नतीजा उसके हाथ में नहीं आया, एकाध अनुवाद हाथ लगने के सिवा।...हालाँकि यह भी नहीं लगा कि औरों के मुक़ाबले उसमें कार्य कुशलता का अभाव है। कारण बहुत से हो सकते हैं, जिन्हें वह अपने सन्दर्भ में विश्लेषित करती रही कि एक तो इस दुनिया में अन्य कार्य क्षेत्रों की अपेक्षा ज़बरदस्त प्रतिस्पर्द्धा है। अनेक महत्त्वाकांक्षी लोग जिनकी तस्वीरें और खुद वे एजेंसी की एड़ियाँ रगड़ने के बावजूद किसी विज्ञापन में अपना चेहरा दर्ज नहीं करा पाते, हार थककर लिखने-पढ़ने के काम से आ जुड़ते हैं। दूसरे वह मिलनसार कतई नहीं है, जो इस दुनिया में फलने-फूलने की सर्वाधिक महत्त्वपूर्ण योग्यता है। तीसरे, इस रंगीन दुनिया में सिफ़ारिश जैसी चमत्कारिक पूँजी का भी नितान्त अभाव है उसके पास। चौथा, न विज्ञापन जगत में उसका कोई गॉडफादर ही है, जिसके इशारे पर काम उस तक चलकर आये।"[13]

अंकिता का यह बयान विज्ञानपन जगत की गलाकाट प्रतिस्पर्द्धा, चापलूसी और सिफ़ारिशी संस्कृति की सच्चाई को बड़ी बारीकी से उद्घाटित करता है। यहाँ प्रतिभा, प्रतिबद्धता और शालीनता की क़ीमत नहीं है बल्कि महत्त्वपूर्ण है ग्लैमर भले ही वह वास्तविक नहीं है। देश भर की मीडिया इसी विशिष्टता को दिन-रात परोसती रहती हैं जिससे चमत्कृत होकर भारतीय युवा मन चुम्बक की तरह खिंचे चले आते हैं। यहाँ की दुनिया में आने के बाद उन्हें वास्तविकता का अहसास होता है लेकिन तब तक बहुत देर हो चुकी होती है और बहुत सारे युवा अपने घर, परिवार और ज़मीन से निकलकर इस बनावटी संस्कृति को अपनाने की कोशिश में जी जान से जुट जाते हैं। सच तो यह है कि यह अवास्तविक और ढोंग पर आधारित दुनिया उनके जीवन को सार्थकता का अहसास नहीं देती है, बल्कि देती है केवल अकेलापन और रिक्तता। इस अकेलेपन को भरने के लिए अनेक लोग शराब और सुन्दरी का सहारा लेना शुरू कर देते हैं और इस दुष्चक्र में फँसकर कई सारे प्रतिभावान युवा असमय मृत्यु का शिकार होते हैं जैसा कि 'एक ज़मीन अपनी' उपन्यास की नीना के साथ घटित होता है। वह विज्ञापन जगत की विद्रूप सच्चाइयों को अपनी सहेली अंकिता के साथ साझा करते हुए कहती है :

"नौकरी और प्रतिभा दो अलग-अलग चीज़ें हैं कभी-कभी वे दोनों को एक साथ एक मंच पर होने का अवसर और सम्मान देते हैं लेकिन अक्सर नहीं। वे ख़रीददार हैं उन्हें मालूम है कि वे जो चाहें जैसे चाहें बुद्धि और प्रक्रिया ख़रीद सकते हैं। उसके लिए उन्हें किसी को स्थायी नौकरी देने की ज़रूरत नहीं है। स्थायी नौकरी पर वे मित्र, प्रेमिका, सम्बन्धी या लेन-देन के आधार पर किसी को भी रख कर कृतज्ञ कर सकते हैं। न जाने कितने प्रतिभाशाली फ्रीलांसिंग करते हुए उनकी दयादृष्टि के मोहताज हो, अधर में लटके अनिश्चय में सड़ रहे हैं और महत्त्वपूर्ण पदों को वे लोग सुशोभित कर रहे हैं जो सिर्फ़ ग्लैमरस हैं। यह ग्लैमर की दुनिया है, अंकू यहाँ जीने की पहली शर्त है विशिष्ट दिखना, विशिष्ट करना, विशिष्ट होना, विशिष्ट बनना, जो वास्तविकता नहीं है। बहुत कड़वी बात कह रही हूँ...तुम्हारी भावनाओं को ठेस पहुँचाने के ध्येय से नहीं...यह मेरा कटु अनुभव है।"[14]

नीता जैसी बहुत सारी लड़कियाँ रात-दिन एक कर विज्ञापन की दुनिया में अपना मुकाम हासिल नहीं कर पातीं। उन्हें बाद में पता चलता है वे इस दुनिया में सिर्फ़ एक कमोडिटी हैं और उनकी ज़रूरत तभी तक है जब तक वे बिकाऊ हैं।

उनकी माँग कम होते ही कोई और लड़की उसका स्थान ले लेती है और शह और मात के खेल का यह दुष्चक्र चलता रहता है। विज्ञापन जगत का एक मात्र सिद्धान्त है–'लाभ' और जो भी इस कसौटी पर मिसफिट होता है उसे तुरन्त दूर कर दिया जाता है। लाभ के खेल को बनाये रखने के लिए हर हथकण्डा अपनाया जाता है, उसमें नैतिक-अनैतिक जैसी बातों पर विचार करने की कोई गुंजाइश नहीं होती है। विज्ञापन जगत के इस कटु सत्य को बयान करती हुई अंकिता मिस्टर मैथ्यू से कहती है :

"लाभ के लोभ में आप कितना नीचे गिर सकते हैं, यह रेखांकित करने की ज़रूरत नहीं है। उसूल कायम हो सकते हैं, अवश्य हो सकते हैं मगर आप जैसे समर्थ लोग व्यवसाय में आ समाएँ...दुर्गुणों के प्रति सचेत हो, उनके सामने घुटने न टेकें...सचमुच इस व्यवसाय के माथे पर लगा लांछन मिट सकता है कि यह ग्लैमर की दुनिया है और यहाँ का समस्त कार्य-व्यापार बेईमानी और झूठ के बूते पर चलता है। मिस्टर मैथ्यू मुश्किल यही है कि दुर्गुण होकर उसका हिस्सा बन बैठते हैं। बोलिए, लिली प्रैशरकुकर वाले मिस्टर सक्सेना का खाता आपके लिए इतना बड़ा और महत्त्वपूर्ण था कि उनकी ओछी हरकत जानते हुए भी आपने एक संघर्षशील लड़की के भविष्य को खाई में धकेल घुटने टेक लिए?"[15]

इक्कीसवीं सदी के भारतीय समाज में स्त्री संघर्ष के एक अन्य आयाम को प्रभावशाली तरीक़े से व्यक्त करने वाली रचना है डॉ. प्रभा खेतान की आत्मकथा– 'अन्या से अनन्या'। उपन्यास की नायिका प्रभा एक सफल व्यवसायी है और एक विवाहित पुरुष डॉ. केडिया से प्रेम करती है। एक तरफ़ प्रभा सामाजिक वर्जनाओं और लांछनाओं को सहकर भी डॉ. केडिया से अटूट प्यार करती है, दूसरी तरफ डॉ. केडिया हमेशा एक सधे जासूस की तरह उसके प्यार को परखते रहते हैं और आश्वस्त होना चाहते हैं कि किसी और पुरुष से इसका कोई सम्बन्ध तो नहीं। अपना भरण-पोषण करने में सक्षम और सफल व्यवसायी होने के बावजूद डॉ. केडिया न केवल उसके निर्णय की खिल्ली उड़ाते रहते हैं बल्कि उसकी बुद्धि और प्रतिभा को भी कोई तरजीह नहीं देते। अपने व्यापार में सैंपल के तौर पर इस्तेमाल के लिए जब प्रभा ढाई सौ डॉलर का बैग ख़रीद लेती है, तो डॉ. केडिया का पारा सातवें आसमान पर पहुँच जाता है और वह इसे फौरन लौटाने का फरमान जारी कर देते हैं। प्रभा और डॉ. केडिया का यह संवाद पुरुष समाज की नियन्त्रणवादी मनोवृत्ति को उजागर करता है :

> "प्रभा तुम्हारा दिमाग़ तो नहीं ख़राब हो गया। खाली कैनवस के इस थैले का ढ़ाई सौ डॉलर दे आयी...पागल हुई हो? चलो वापस करो।

नहीं मुझे हू-ब-हू इसकी नकल उतारनी है और मेरी व्यापारिक बुद्धि कहती है...

व्यापारिक बुद्धि? तुम्हारे पास बुद्धि नाम की चीज़ भी है? ग़ुस्से में उनका गोरा चेहरा लाल होता जा रहा था।

तुम अपने आपको समझती क्या हो?

डॉक्टर साहब मेरे पास पैसे हैं, अपने ख़र्च के लिए जो हैं, उसमें से दे दूँगी।

तुम्हारा यह मालिकाना तेवर मैं सहन नहीं कर सकता।

औरों के लिए भी तो इतना सामान ख़रीदा गया है।

वे चीज़ें उनकी ज़रूरत है।

तो यह बैग मेरी ज़रूरत है।"[16]

उपर्युक्त संवाद से स्पष्ट है कि प्रतिभा सम्पन्न एवं आर्थिक रूप से स्वतन्त्र होने के बावजूद महिलाओं की कार्यक्षमता को पुरुष आसानी से स्वीकार नहीं करता है। किसी स्त्री का स्वतन्त्र व्यक्तित्व उसे अपने लिए चुनौती जैसा प्रतीत होता है जैसा कि डॉ. केडिया प्रभा के निर्णय लेने की स्वतन्त्रता से परेशान हैं। लेकिन स्त्री सम्बन्धों को उस तरह व्यावहारिक पैमाने पर नहीं तोलती जैसा कि पुरुष आसानी से कर लिया करते हैं। व्यावसायिक दुनिया में सफलता में यह एक बड़ी बाधा है, जिसे स्पष्ट करते हुए प्रभा कहती है:

"हम औरतें प्रेम को जितनी गम्भीरता से लेती हैं उतनी ही गम्भीरता से यदि अपना काम लेतीं तो अच्छा रहता, जितने आँसू डॉक्टर साहब के लिए गिरते हैं उससे बहुत कम पसीना भी यदि बहा सकूँ तो पूरी दुनिया जीत लूँगी। मगर समस्या तो यही है कि अपनी तमाम समझ के बावजूद डॉक्टर साहब के अलावा अन्य किसी से भी मुझे लगाव नहीं था। कुछ भी तो मुझे बाँध नहीं पाता।"[17]

लेकिन प्रेम की पूरी गम्भीरता और सामाजिक लांछन को सहने के बावजूद प्रभा को उसका प्रतिदान नहीं मिलता। धीरे-धीरे डॉ. केडिया का प्रभा के साथ सम्बन्ध औपचारिक और ऊष्माविहीन होने लगता है। समाज से बहिष्कृता होकर भी प्रभा अपने प्रेम को जीवित रखना चाहती है लेकिन डॉ. केडिया सामाजिक वर्जनाओं की सहूलियत लेकर इससे छुटकारा पाना चाहते हैं। एक दिन बिना किसी सूचना के डॉक्टर केडिया के चेम्बर पहुँचने पर दोनों के बीच का वार्तालाप प्रेम सम्बन्धों के प्रति दोनों की नितान्त भिन्न दृष्टि को ज़ाहिर करता है :

"मेरे आने के पीछे कारण है।

मैं तुम्हारे मूड के बारे में जानता हूँ।

मूड? आपसे मेरा सम्बन्ध मूड पर आधारित है?

धीरे-धीरे उन्होंने प्रेस्क्रिप्शन लिखना ख़त्म किया।

कुर्सी से पीठ टिकाई और ठण्डी आँखों से मेरी ओर देखा। नहीं मुझे तुमसे डर नहीं लगता, लेकिन मैं तुम्हें इस सम्बन्ध की सीमा से अवगत कराना चाह रहा हूँ। वे पुनः लिखने में डूब गये।

अचानक मेरा मन किया ज़ोरों से चीख़ पड़ूँ, मेज़ पर रखे शीशे के पेपरवेट को दीवार पर दे मारूँ। व्यर्थ में अपना सर टकरा रही हूँ। क्रोध से मेरा सारा शरीर काँप उठा, उनके हाथ से कलम छीनकर मैंने दीवार पर दे मारा—डॉक्टर साहब, आप मुझे इस तरह ख़ारिज नहीं कर सकते, समझे। मैं उन औरतों में नहीं जो अब तक आपके पास आती-जाती रहीं। मैं शरीर को भी उतना ही पवित्र मानती हूँ जितना मन को, मैंने आपको दोनों दिये हैं। उलझन आपके दिमाग़ में है, आप कभी मुझे स्वीकारते हैं तो कभी छोड़ते हैं।''[18]

इक्कीसवीं सदी के इस समाज में भी प्रेम सम्बन्धों की क़ीमत अधिकतर स्त्री को ही चुकानी पड़ती है। यद्यपि यह सम्बन्ध पुरुष और स्त्री दोनों का होता है, लेकिन सारे लांछन स्त्री के जिम्मे ही आते हैं। अपने पूरे जीवन में स्त्री को चरित्रहीन का लेबल ढोना पड़ता है और समाज उसके कार्यों और भूमिका को इस पृष्ठभूमि में अपेक्षित महत्त्व नहीं देता। इसी आधार पर प्रभा को कलकत्ता चेम्बर ऑफ़ कॉमर्स का सचिव पद नहीं दिया गया, बावजूद इसके कि सफल निर्यातक और व्यापक व्यावसायिक अनुभव के कारण इस पद पर उसकी दावेदारी कहीं अधिक मज़बूत थी। डॉ. केडिया की मृत्यु के बाद भी उनकी स्मरण सभा में उन्हें कई रूपों में याद किया गया—कलकत्ता के वरिष्ठ नागरिक, समाजसेवी एवं सफल डॉक्टर के रूप में लेकिन उनकी सफलता में ऐतिहासिक योगदान के बावजूद उसका कहीं कोई ज़िक्र नहीं था। अपनी ज़िन्दगी की इस विद्रूप नियति को रेखांकित करते हुए प्रभा कहती है:

''याद नहीं आता कि प्यार और सन्तुष्टि के क्षण कभी दो दिन भी मेरे जीवन में स्थायी रहे हों। किसी दिन यदि मैं ज़रा ख़ुश भी होती तब अमूमन कुछ ऐसा घटता, कुछ ऐसे ताने, बोली कि मुझे वापस रोने का दौरा पड़ जाता, आँसुओं का सैलाब उमड़ पड़ता। परिस्थिति पूरी तरह मुझ पर हावी थी, एक अवैध रिश्ते को जीकर दिखलाने के प्रयास का शायद यही हश्र होना था इससे भिन्न और कुछ नहीं।''[19]

स्त्री सरोकारों के विविध आयामों को चित्रा मुद्गल ने न केवल अपने उपन्यासों में बल्कि अन्य रचनाओं में भी विश्वसनीय ढंग से उजागर किया है अपनी कहानियों में उन्होंने झुग्गी झोपड़ी में रहने वाली स्त्रियों से लेकर महानगरों में कार्यरत कामकाजी महिलाओं के संघर्ष को प्रभावशाली तरीके से व्यक्त किया है।

इस दृष्टि से 'लाक्षागृह','प्रेतयोनि','इस हमाम में', 'बलि','डोमिन काकी' आदि महत्त्वपूर्ण कहानियाँ हैं जिनमें समाज के अलग-अलग वर्गों से होने के बावजूद सभी स्त्रियाँ शोषण का शिकार होती हैं भले ही उसका स्वरूप भिन्न-भिन्न है। स्त्री की आत्मनिर्भरता भी किस प्रकार शोषण का जरिया बन जाता है इसे 'लाक्षागृह' कहानी से समझा जा सकता है। स्त्री शोषण के इस नए स्वरूप को जिस प्रामाणिकता के साथ रचनाकार ने उद्‌घाटित किया है, वह हमें बेचैन करती है। 'सुन्नी' रेलवे में नौकरी करने वाली एक आत्मनिर्भर स्त्री है। उसके पास आठ सौ रूपये महीने की अच्छी खासी नौकरी है, साथ में सरकारी आवास भी लेकिन बदसूरती के चलते लंबे समय तक उसका विवाह नहीं हो पाता है। तभी उसी के ऑफिस में काम करने वाला कर्मचारी सिन्हा उसे शादी का प्रस्ताव देता है। अपने जीवन में होने वाली इस अप्रत्याशित सुखद घटना से वह आह्लादित है, लेकिन वह अर्श से फर्श पर आ गिरती है जब उसे पता चलता है कि दरअसल शादी उससे नहीं बल्कि उसकी नौकरी की वजह से की जा रही है। इस सन्दर्भ में ऑफिस के एक सहकर्मी स्वामीनाथन से सिन्हा की बातचीत उसकी मंशा को बेबाकी से उजागर कर देती है :

''कमाल है तेरा! शादी करने के लिए तुझे कोई और लड़की नहीं मिली? शीलुक्स लाइक पक्का ताली वाला। तेरह साल हो गये रेलवे में नौकरी करते। विभाग में से कोई चाय पीने का वक्त भी जाया नहीं करना चाहता उसके साथ और एक तू...। मुझे भार्गव ने बताया तेरी शादी के बारे में।

छोड़ यार! तालीवाली ही सही! घर की हालत तुझसे छिपी नहीं। प्रतिवाद करते हुए सिन्हा क्षणांश झिझका। सोच आठ सौ रूपये महीने कमानेवाली कहाँ मिलेगी? सौदे की कोई शक्ल सूरत नहीं होती मेरे यार, मैं जीवन और व्यावहारिकता को एक-दूसरे का पूरक मानता हूँ। नहीं तो देखने में ठीक-ठाक आशा घर चलाने के मामले में अधिक सही लड़की है। मौसी अभी भी चाहती हैं कि मैं आशा से ब्याह कर लूँ।''[20]

लिफ्ट में सिन्हा और स्वामी नाथन के उपर्युक्त संवाद को सुनकर सुन्नी समझ जाती है कि यह उसकी शादी नहीं बल्कि सौदा है उसकी नौकरी का। उसे पता है कि इस सम्बन्ध में भावनात्मक लगाव की कोई संभावना नहीं क्योंकि यह एक विशुद्ध व्यावसायिक रिश्ता है। अपने जीवन में घटित इस क्रूर खेल से वह इतनी आहत होती है कि वह नौकरी से इस्तीफा दे देती है। सिन्हा जैसे स्वार्थ लोलुप और व्यावसायिकता के आधार पर जीवन जीने वाले व्यक्ति को जब अपने खेल के बिगड़ जाने का पता चलता है तो वह गुस्से से आग बबूला हो उठता है। टेलीफोन पर सुन्नी से उसकी बातचीत उसके चरित्र का पर्दाफाश कर देती है :

"तुम बदशक्ल ही नहीं बेअक्ल भी हो! रिजाइन क्यों कर दिया? घर पर बैठी भाड़ फोडोगी? और मुझसे बिना पूछे? कोई जिक्र नहीं। बोलती क्यों नहीं? शादी के बाद भी तुम्हे नौकरी करनी है सुन्नी।"[21]

दरअसल वर्ग वैभिन्य के साथ स्त्री के शोषण का केवल स्वरूप बदल जाता है लेकिन इसका अस्तित्व समाप्त नहीं होता है। कहीं यह बहुत भोंडे रूप में सामने आता हैं जैसे कि भूख नामक कहानी में दर्शाया गया है। इसमे सेठ श्रमिक स्त्री को काम पर सिर्फ इसलिए नहीं रखना चाहता है कि उसका ध्यान हमेशा अपने बच्चों पर लगा रहेगा और इस कारण व्यावसायिक उत्पादकता कम हो जायेगी। लेकिन सम्भ्रान्त घरों में स्त्री एक अन्य रूप में दमन का सामना करती हैं कई बार उसे अपने घर में काम करने वली औरत जितनी भी व्यक्तिगत स्वतन्त्रता नहीं प्राप्त होती है। उसे न अपनी मर्जी से नौकरी चुनने की स्वतन्त्रता है, न ही लोगों से मिलने जुलने की। 'इस हमाम में' कहानी में सभ्य एवं सुशिक्षित स्त्री की पीड़ा को अत्यन्त संवेदनशील रूप में व्यक्त किया गया है :

"क्या में मात्र सोमेश की उँगलियों का संकेत भर हूँ? यही और बस, इतनी ही मेरी पहचान है और मेरे होने की शर्त? अंजाने तीसरे आदमी के साथ घर बसाया है...मैं...इस कँटीली फेंसिंग की सुरक्षा की चारदीवारी का भ्रम बनाये क्यों पेट में निवाले डालने की मजबूरी को जीवन का तालमेल और आपसी समझदारी जैसे अर्थहीन शब्दों की आड़ में जी रही हूँ?"[22]

उसे प्रतीत होता है कि सोसायटी में कूड़ा उठानेवाली स्त्री–'अंजा' जैसी भी उसकी हैसियत नहीं है। अंजा को कम से कम अपनी मर्जी से जीवन जीने का अधिकार है चाहे वह तीसरी शादी करने की बात ही क्यों न हो?

गीतांजलि श्री ने अपने उपन्यास 'माई' में मध्यवर्गीय परिवार में सबकी सुविधाओं का ध्यान रखने वाली पर अपने अस्तित्व से बेखबर स्त्री की अकथ कहानी को पूरी प्रामाणिकता के साथ अभिव्यक्त किया है। ज़िन्दगी भर सबके लिए साया सी फिरती माई को न केवल सास और ससुर की पुरानी पीढ़ी की बेरूखी का सामना करना पड़ता है बल्कि नयी पीढ़ी के प्रतिनिधि अपने बच्चे भी उसे सही रूप और सन्दर्भ में नहीं देख पाते हैं। उसका पति उसे बिना पैंदे का लोटा समझते हैं जिसे बच्चे आसानी से बेवकूफ बना लेते हैं तो बच्चे उसे कमजोर और लाचार समझते हैं जो ऐन वक्त पर पीछे हट जाती है। लेकिन अपनी स्वयं की कामनाओं से तटस्थ स्नेहमयी माँ ताउम्र सबकी इच्छा पूर्ति में लगी रहती है :

"माई में हम और माई हमारे लिए, यही हमारा जानना था। तभी उसका सबकी मंशापूर्ति के लिए कठपुतली बनना, फिर उनके जूठन पर जिन्दा रह लेना

हमें क्रोध से पागल किये जा रहा था। दादा को मकुनी और फुलौरा पसन्द तो वह उनका, जब किसी को नहीं चाहिए तो माई का, दादी को धुसका पसन्दतो वह उनका, बासी हो चले तो माई का। बाबू जो छोड़े वह माई का हमें जो पसन्द वह चुपचाप माई को नापसन्द।''[23]

अपनी माँ को बेचारी समझने वाले बच्चे उसके आदर्शों, उसके शक्ति और समर्पण को. परिवार को एक सूत्र में बाँधे रखने की उसकी इच्छाशक्ति को देख ही नहीं पाते हैं। उसकी मृत्यु के साथ ही परिवार का ताना बाना बिखर जाता है और 'डयौढी' का तिलिस्म समाप्त हो जाता है। उसके जीवन का समग्र मूल्यांकन करते हुए उसकी बेटी कहती है :

माई मिटी नहीं थी हमने उसे मिटा रखा था, मुझे माई नहीं बनना, मैं माई वैसे भी नहीं बनूँगी, माई खुद मुझे माई नहीं बनाती, मैं, चाहूँ भी तो माई नहीं बन सकती, वह सिफत नहीं मुझमें, मैं माई को झकझोरकर झटक देती हूँ अलग, मुझे त्याग बुरा लगता है क्योंकि वही माई का बोझिल इतिहास है, मुझे उसकी तरह शहादत में मकसद नहीं पाना है, मुझे उसकी तरह नम्रता और उदारता को अपराध नहीं बना देना है, उसके इतिहास से लड़ना है, उसे नकारना है, और इसीलिए लेना है, लेके पाना है, उसके बाद दूँगी, लेने के साथ दूँगी पर तब तक लड़ूँगी, उसी से लड़ूँगी, माई जो शाश्वत है, जो मुझमें है, जो आग में, राख में हमेशा रहेगी जिसके आगे मैं शीश नवाती हूँ, उससे लड़ूँगी।''[24]

दरअसल पूरे उपन्यास में सबसे कम मुखर रहने वाली 'माई' का चरित्र ही सबसे दमदार है। उसके मूल्यों, विचारों और सिद्धान्तों से असहमत हुआ जा सकता है, लेकिन उसके अस्तित्व को नकार पाना असंभव है। अपने वजूद को मिटाकर भी 'माई' परिवार के वजूद को बनाये रखती है और उसके जाते ही न 'डयौढ़ी' बच पाती है और नहीं वहाँ रहने वाले लोगों की एकसूत्रता। रचनाकार ने माई की ज़िन्दगी और उसकी अनकही पीड़ा को पूरी संवेदनशीलता के साथ व्यक्त किया है जो हमें सुकून नहीं पहुँचाती बल्कि छटपटाहट से भर देती है।

स्त्री प्रश्नों को बेबाक तरीके से अभिव्यक्त करने वाली रचनाओं में प्रमुख है—कृष्णा सोबती का उपन्यास 'ऐ लड़की।' यद्यपि उनकी लंबी साहित्यिक यात्रा में अधिकतर रचनाएँ इक्कीसवीं सदी से पहले की है लेकिन इस उपन्यास में स्त्री जीवन के कटु यथार्थ को बिना किसी लाग लपेट के व्यक्त किया गया है। अपनी मृत्यु की प्रतीक्षा में एक बूढ़ी माँ और उसकी बेटी के बीच संवाद स्त्री जीवन की वास्तविकता को उघाड़कर रख देती है :

"लड़की, सबकी यात्रा इसी तरह घात प्रतिघात में गुजरती है। घर का यह खेल बराबरी का नहीं, ऊपर-नीचे का है। घर का स्वामी कमाई से परिवार के लिए सुविधाएँ जुटाता है। साथ ही अपनी ता— कमाता-बनाता है। इसी प्रभुताई के आगे गिरवी पड़ी रहती है बच्चों की माँ।

अम्मू।

हाँ, शादी के बाद औरत पूरे परिवार के लिए शिकारे की माँझी बन जाती है। झील में तिरती नाव और शिकारे तो देखे हैं न तुमने! उन पर सवार परिवार मजे-मजे झूमते हैं और चप्पू चलाती है औरत। उम्र भर चलाती जाती है। उसका वक्त तब सुधरेगा जब वह अपनी जीविका आप कमाने लगेगी। सोचने की बात है-मर्द काम करता है, तो उसे इवज में अर्थ धन प्राप्त होता है।

औरत दिन-रात जो खटती है वह बेगार के खाते में ही न! भूली रहती है अपने को मोह ममता में। अनजान। बेध्यान। वह अपनी खोज-खबर न लेगी तो कौन उसे पूछने वाला है।"[25]

स्त्री जीवन के विविध आयामों को पूरी बेबाकी के साथ उद्‌घाटित करने वाले रचनाकारों में मैत्रेयी पुष्पा का नाम प्रमुख हैं। इक्कीसवीं सदी के दौरान प्रकाशित उपन्यासों और कहनियों में ही नहीं बल्कि दो भागों में प्रकाशित अपनी आत्मकथा-'कस्तूरी कुण्डल बसै' अेर 'गुड़िया भीतर गुड़िया' में भी उन्होंने भारतीय समाज में स्त्री जीवन के संघर्ष को पूरी प्रखरता के साथ व्यक्त किया है। पारम्परिक सामाजिक ताना-बाना और संस्थानों की जकड़बन्दी स्वाधीन स्त्री की विकास यात्रा में किस तरह पग-पग पर रोड़ा अटकाते हैं इसकी पूरी दास्तान इस आत्मकथा में मौजूद है। जीवन भर सामाजिक विद्वेष के बीच जिन्दगी बसर करने वाली स्त्री जाति के दर्द को व्यक्त करते हुए वह लिखती है :

"लोग जानते हैं कि बड़ी जातियों में औरत एक अपवित्र, अशुद्ध सी प्रजाति है। इसको बिना पति के किसी पवित्र संस्कार को करने की इजाजत नहीं। जब कभी मंगल आयोजनों में चौक पर पंडित के सामने बिठाई गयी है, वह विवाह संस्कार ही है, जिसमें पति के लिए ही सब कुछ माना जाता है, वरन् कथा भागवत, यज्ञ हवन में स्त्री को घर के मुख्यिा के तौर पर बैठने नहीं दिया जाता। भले घर का छोटा-सा लड़का बिठा दिया जाये।... आज तक किसी मन्दिर की मुख्य पुजारिन किसी धर्मपीठ की शंकराचार्य किसी धर्म की आदि गुरु स्त्री नहीं। भारतीय समाज में ही नहीं, पश्चिमी देशों के ईसाई धर्म ने भी किसी औरत को पोप स्वीकार नहीं किया न मुस्लिमों के यहाँ काजी या मुल्ला के रूप में औरत दिखाई देती है।"[26]

एक औरत जो गर्भधारण से लेकर बच्चों की पूरी परवरिश में अपना जीवन खपा देती है, परिवार को जोड़े रखने के लिए पूरी ज़िन्दगी तन्मयता से लगी रहती है उसे सामाजिक आयोजनों में पुरुषों के समकक्ष मुखिया के तौर पर मान्यता न मिलना सामाजिक षड्यन्त्र ही कहा जायेगा। इस सन्दर्भ में गुजराती के प्रसिद्ध उपन्यास 'सत पगलान आकाशमा' की वसुधा के दर्द का स्मरण हो आता है :

"बच्चे बड़े होंगे तब अपनी पहचान वे व्योमेश महेता के पुत्र कहकर ही देंगें। पूरी ज़िन्दगी वे खुद के नाम के साथ पिता का नाम जोड़कर दुनिया में घूमेंगे। वंशावली बनेगी तब व्योमेश नाम की डाली में से तीन पत्ते फूटेंगे। उसमें माँ का नाम कहीं न होगा। गर्भ धारण करने से लेकर जन्म देकर बड़े करने तक माँ की सही हुई तकलीफों का आलेखन कहीं न होगा। अन्तहीन कामों में जर्जरित शरीर और मन लेकर वह गुमनामी में विलीन हो जायेगी। अर्जुन से भी अधिक एकाग्रता से उसने अपना अस्तित्व उन्हे दिया है। अपना हृदय और रक्त देकर बच्चों को पाला है। किन्तु बालक के नाम में, उसकी वंशावली में कहीं भी उसके रात-रात भर के जागरणों का जिक्र न होगा।"[27]

उपर्युक्त उदाहरण इस बात का स्पष्ट संकेत करते हैं कि इक्कीसवीं सदी के भारतीय समाज में भी एक औरत सामाजिक विभेद के बीच अपना जीवन गुजर बसर करती है। अपने परिवार के पालन-पोषण में केंद्रीय भूमिका निभाने के बावजूद उसे पुरुष के समकक्ष दर्जा नहीं दिया जाता है। मैत्रेयी ने अपनी आत्मकथा में पति के साथ अपने सम्बन्धों का खुलासा करते हुए इस बात को रेखांकित किया है कि किस प्रकार एक मालिक या नियंता की तरह उसके पति दूसरे व्यक्तियों के साथ उसके सम्बन्धों एवं आचार व्यवहार को नियंत्रित करने का प्रयास कर रहे थे। इस पूरी प्रक्रिया में उसे अपनी पत्नी की भावनाओं की परवाह नहीं थी वरन अपनी सामाजिक प्रतिष्ठा की फिक्र ही हावी थी। तभी अपने सहकर्मी डॉ. सिद्धार्थ के साथ अपनी पत्नी के नृत्य का वे आशनाई और पार्टी में पत्नी की भागीदारी को अय्याशी का मौका मानने लगते हैं, जब कि पत्नी के लिए यह रोजमर्रा के नीरस और यान्त्रिक जीवन से स्वतन्त्र होने का अवसर।

पत्नी पति से विश्वास, सहयोग और आत्मीयता की अपेक्षा रखती है क्योंकि वह भी पति से भावनात्मक रूप से जुड़ना चाहती है। लेकिन पति व्यावहारिकता की कसौटी पर ज़िन्दगी जीने वाले व्यक्ति हैं। पति और पत्नी के बीच अविश्वास की इस दुर्लध्य खाई को अनेक प्रसंगों में व्यक्त किया गया है। इनमें से एक प्रसंग है जब पत्नी अपनी भावनात्मक लगाव के प्रतीक के तौर पर स्वेटर बुनकर अपने पति को भेंट करती है इस विश्वास के साथ कि भावना का सम्मान करते हुए वह इसे पहनेगा। लेकिन उसे जब इस बात का पता चलता है कि उसे किसी

अन्य व्यक्ति को दे दिया गया है तो उसी कोमल भावनाओं को ठेस पहुँचती है। पति और पत्नी के बीच संवाद न केवल दोनों की विपरीत जीवन दृष्टि को पूरी विश्वसनीयता के साथ उजागर करती है बल्कि मालिक होने के पुरुषवादी मानसिकता का भी :

"बताना जरा, मैंने शादी के बाद जो स्वेटर बुनकर भेजे थे, वे कहाँ हैं? तुम्हें पता है, फिर क्यों पूछ रही हो?

पता होना एक बात है और सामनेवाला स्वीकार करे, यह दूसरी बात। जिनको जरूरत थी उनको दे दिये।

अच्छा! मैं जान गयी कि तुम्हें न उने स्वटरों की जरूरत थी न उस लगाव की जिससे मैंने उनका एक-एक फंदा बुना था। सच्ची हम जैसी लड़कियाँ भी कितनी बेवकूफ होती है सम्बन्ध में प्यार की गन्ध खोजने लगती है। किसी के नाम का महावर मेंहदी लगाकर सोचती हैं, हमारे भावनात्मक लगाव के ये चिह्न पति के लिए आस्था, विश्वास और दिल निछावर करने के माध्यम बनेंगें।

यू आर इमोशनल। भावुकता में बहती हो।"[28]

आज भी भारतीय समाज में किसी स्त्री के आत्मविश्वास को ध्वस्त कर उसे प्रताड़ित करने का सबसे आसान तरीका है-चरित्र हनन। यह एक ऐसा सफल नुस्खा है जिसे सदियों से पुरुष समाज सफलतापूर्वक आजमाता रहा है और इस प्रक्रिया में अधिकतर औरतें भी उनके साथ हो लेती हैं बिना मामले की पूरी पड़ताल किये कई बार केवल बतरस या निन्दा का सुख लेने की आकाँक्षाएँ। जब किसी स्तवन्त्रचेता स्त्री का आचार व्यवहार उनकी समझ से परे होता है और जो उनकी घिसी पिटी नैतिकता के दायरे में फिर नहीं होती है, उस पर फटाफट चरित्रहीन या बेशर्म होने का लेबल चस्पा कर दिया जाता है। सभी आजाद ख्याल वाली स्त्रियों को समाज द्वारा अकारण थोपे गये संत्रास को झेलना पड़ता है, ऐसे कैदी की तरह जिसकी सजा तय नहीं की गयी है। मिसेज शर्मा और 'इल्माना' दोनों ही इस विद्वेष का सामना भी करती हैं और प्रतिकार भी। अपने चरित्र पर लांछन लगाने वाले लोगों को माकूल जबाब देती हुई मिसेज शर्मा कहती है :

"जो लोग इलजाम लगा रहे हैं, उन्हें जाकर बता दो कि शादी के बाद मुझे मेरे हिसाब से कारावास मिला है, जिसके लौह कपाट मैं तभी से तोड़ने में लगी हूँ और देखना चाहती हूँ कि इस दुनिया के अलावा भी कोई दुनिया है? पति के अलावा कितने लोग बाहर हैं? वैसे पति से बैर भाव नहीं पाला मगर उनके किसी खूंटे से बँधना? ...मैं भी अपने अन्दर गहरी भावनाएँ रखती हूँ, जैसे कोई गुप्त प्यार को बचा ले।

प्रियतम, मेरी उसी भावना ने तुम्हारे दीक्षान्त समारोह में तुम्हारे साथ जाने की ज़िद ठानी थी तुम नहीं ले गये। मैं आहत और अपमानित हुई क्योंकि अयोग्य ठहराई गयी। मैंने घर आये यू.पी.एस.सी. के चेयरमैन से बाहर आकर अभिवादन करना चाहा था, तुमने रसोई में सिकुड़े रहने की हिदायत दी, मेरे मन को ठेस लगी।''[29]

उपर्युक्त बयान एक उद्घोष है इक्कीसवीं सदी की स्वतन्त्र चेता स्त्री का जो भावनात्मक लगाव को स्त्री-पुरुष सम्बन्धों का मूल मानती है न कि समाज द्वारा बनायी गयी हृदयहीन रीतिरिवाजों को जिसे नैतिकता का जामा पहनाकर अक्सर प्रस्तुत किया जाता है।

इक्कीसवीं सदी में स्त्री जीवन के संघर्ष और उसकी जिजीविषा को पूरी संवेदनशीलता के साथ व्यक्त करने वाली एक महत्वपूर्ण रचना है नादिरा जहीर बब्बर का नाटक 'सकुबाई'। 2008 में प्रकाशित इस रचना में एक निम्न मध्यवर्गीय कामगार महिला के जीवन संघर्ष को दर्शाया गया है जो परिवार की आर्थिक तंगी के कारण बहुत छोटी उम्र में रोटी कमाने के लिए बाध्य होकर मुंबई जैसे महानगर में आती है और पूरे जीवन अपने मनोबल और दृढ़निश्चय के साथ परिवार की बेहतरी के लिए अनथक प्रयास करती है। आर्थिक दुर अवस्था के कारण परिवार सभी बच्चों को समुचित शिक्षा उपलब्ध कराने में असमर्थ है। ऐसे में पुत्र केंद्रित भारतीय समाज में 'सकुबाई' और उसकी बहन 'वासन्ती' शिक्षा के अधिकार से वंचित रह जाते हैं और घर का काम करने तक सीमित हो जाते हैं। एक लड़की होने के नाते पाठशाला न जा पाने की पीड़ा सकुबाई को जीवन भर सताती है जिसे वह इन शब्दों में व्यक्त करती है :

''जब मैंने होश सँभाला तब से मैं आई के साथ काम पर लग गयी। बाउड़ी से पानी लाना। छोटे भाई बहिन को देखना। आँगन बुहारना। ...मैं पाठशाला जाने के लिए बहुत रोई थी। इस पर मेरी माँ ने जोर से एक थप्पड़ मेरे गाल पर मारा और बोली तू पाठशाला जायेगी? तू पाठशाला जायेगी तो घर का काम कौन करेगा?

मैं और वासन्ती दोनों पाठशाला नहीं गये। ...हाँ। ...नितिन को भेज दिया।... नितिन को तो भेजना ही माँगता। वो लड़का था न...नितिन के लिए स्कूल की नयी वर्दी, नए जूते, मोजे, बस्ता-विस्ता सब लिया। ...तब आई ने अपनी चाँदी की पायल बेची थी।''[30]

नाटक में महिला कामगार के जीवन पर्यंत संघर्ष के साथ-साथ तथाकथित सुशिक्षित एवं सुसंस्कृत वर्ग की संवेदनहीनता और पाखण्ड को भी अनावृत्त किया

गया है। अपनी मेहनत के बल पर दूसरों का घर सँवारने वाली इन महिलाओं के पास स्वयं कोई सुरक्षित भविष्य नहीं। यदि किसी पारिवारिक या व्यक्तिगत समस्या के कारण ये लोग ज्यादा छुट्टी कर लें तो स्थायी रूप से इनकी छुट्टी करने में लोग देर नहीं लगाते। संवेदनहीनता की यह पराकाष्ठा हम सबने कोरोना काल में देखी है। अपने श्रम के बल पर देश और समाज के आर्थिक चक्र को निरन्तर गतिशील बनाये रखने वाले कामगार वर्ग को महामारी के दौरान समाज के समृद्ध वर्ग का सहारा नहीं मिला। संवेदनहीनता की हद तक जाकर लोगों ने आपदा में अवसर ढूँढ़ा और अधिकतर व्यावसायिक एवं औद्योगिक प्रतिष्ठानों ने वहाँ काम करने वाले श्रमकों की छुट्टी कर दी या उनका वेतन बहुत कम कर दिया। अपने व्यक्तिगत स्वास्थ्य की चिन्ता में अधिकांश आवासीय कॉलोनी में कार्यरत महिला कामगारों का प्रवेश बन्द कर दिया गया। इस अप्रत्याशित संकट के समय समाज की बेरूखी और सरकारी इंतजामों की बदहाली के कारण इन श्रमिकों ने घर वापसी का ऐसा अप्रत्याशित कदम उठाया जो मानवीय संवेदना को झकझोर देने वाला था। हजारों किलोमीटर की पैदल यात्रा करते हुए श्रमिकों का समूह परिवार सहित देश के बड़े शहरों से गाँव की ओर लौटने लगे। महत्त्वपूर्ण बात यह है कि ये लोग देश का आर्थिक गढ़ कहे जाने वाले समृद्ध शहरों से अपने गाँवों की ओर लौट रहे थे। इन समृद्ध शहरों, वहाँ के औद्योगिक और व्यावसायिक प्रतिष्ठानों एवं वहाँ रहने वाले सुसंस्कृत और समृद्ध लोगों का घर चलाने में इन श्रमिकों ने अपनी पूरी ज़िन्दगी लगा दी थी लेकिन ये सभी संस्थान मिलकर भी इन श्रमिकों को कुछ महीनों तक सहारा नहीं दे पाये। यद्यपि कोरोना महामारी जन्य इस अप्रत्याशित संकट ने पूरे श्रमिक वर्ग को प्रभावित किया लेकिन महिलाओं पर इसका असर कहीं ज्यादा हुआ क्योंकि घरेलू कामगारों और असंगठित क्षेत्र में कार्यरत श्रमिकों में इनकी संख्या कहीं ज्यादा थी। प्रमुख आर्थिक समाचार पत्र 'बिजनेस स्टैंडर्ड' की एक रिपोर्ट के अनुसार भारत सरकार के 'ई श्रम' पोर्टल पर पंजीकृत कुल श्रमिकों में महिलाओं की संख्या 51.9 प्रतिशत है, हालाँकि घरेलू कामगर वर्ग में यह हिस्सेदारी 95.9 प्रतिशत है।[31] स्वाभाविक तौर पर जिस क्षेत्र में महिलाओं की भागीदारी इतनी ज्यादा है वहाँ रोजगार का अवसर सीमित होने का व्यापक प्रभाव महिलाओं के जीवन पर पड़ना ही था। यद्यपि 'सकुबाई' की रचना कोरोना महामारी के पहले हुई है, लेकिन कामगार महिला श्रमिकों के असुरक्षित भविष्य की पीड़ा उसमें स्पष्ट सुनायी पड़ती है जिसका साक्षात अनुभव हम सब ने इस महामारी के दौरान किया था। सकुबाई कहती है :

"...भगवान मुझे क्षमा करें...। मगर एक बात मेरे मन में जरूर उठती है।... हम लोग दिन-रात मेहनत करते हैं। मेहनत करते-करते बूढ़े हो जाते हैं...

और मर जाते हैं। न कोई हमें पूछता है न याद करता है।... अरे रोने और याद करने के लिए भी तो टाइम चाहिए...। और टाइम है किसके पास...? फिर छुट्टी हमें कौन देगा...? एक दिन-दो दिन बस...। ज्यादा छुट्टी करेंगे तो दूसरी बाई रख लेंगे।[32]

'सकुबाई' के इस अविराम जीवन संघर्ष को नाटक के अन्त में उसकी बेटी 'सायली' की कविता के माध्यम से जीवंत किया गया है :

"तूने तो सारे जीवन है संघर्ष किया
रानी लक्ष्मी बाई की तरह, तू भी तो एक योद्धा ही है
वो तो केवल एक लड़ाई लड़ी और मर्दानी कहलाई
पर तू तो सदियों से जीवन के संग्राम में है जूझ रही
तेरे पाँव चलते-चलते थक गये
तेरे हाथ बर्तन धिसते-धिसते सड़ गये
किसी दिन भी तू जी भर के सो नहीं पाई
तेरे कन्धे कपड़े धोते-धोते अकड़ गये"[33]

उपर्युक्त पंक्तियों में 'सकुबाई' के माध्यम से भारतीय कामगार महिला की पीड़ा और जिजीविषा मुखर हो उठी है।

इस महामारी के दौरान उत्पन्न अप्रत्याशित मानवीय संकट पर काफी कम साहित्य देखने को मिला है खासकर हिन्दी में, यद्यपि कोरोना महामारी के सामान्य जनजीवन पर पड़ने वाले व्यापक प्रभाव और इस दौरान महिलाओं की बदहाल आर्थिक स्थिति और व्यापक बेरोजगारी के सम्बन्ध में काफी तादाद में सामग्री मिलती है। अन्तरराष्ट्रीय स्तर पर संयुक्त राष्ट्रसंघ एवं विश्व बैंक जैसी संस्था से लेकर 'ब्लूमबर्ग' आदि संस्थाओं द्वारा प्रकाशित आलेखों एवं रिपोर्टों में इस विषय पर व्यापक विचार विमर्श मिलता है। भारत में प्रतिष्ठित समाजशास्त्रियों एवं अर्थशास्त्रियों के चिंतनपरक लेखों के अलावा सेंटर फॉर मॉनिटेरिंग इंडियन इकोनामी जैसी संस्थाओं द्वारा प्रकाशित आलेखों में भी इसके सम्बन्ध में काफी कुछ लिखा गया है।

यह अप्रत्याशित नहीं है किसी बड़े मानवीय संकट के सन्दर्भ में रचनात्मक साहित्य का उत्तर अन्य विधाओं से थोड़ा भिन्न होता है। अधिकतर यह तात्कालिक नहीं होता है। यह बात 'प्लेग' महामारी से लेकर भारत विभाजन जैसे बड़े मानवीय संकट के सन्दर्भ में समझा जा सकता है। विश्वप्रसिद्ध साहित्यकार 'कामू' की चर्चित रचना 'दप्लेग' 1947 में लिखी गयी थी जो 1918 में अल्जीरिया में फैले इस महामारी के अनुभवों पर आधारित है। इसी प्रकार भारत विभाजन की त्रासदी पर आधारित भीष्म साहनी का प्रसिद्ध उपन्यास 'तमस' इस अभूतपूर्व मानवीय संकट के लगभग 25 वर्ष वाद 1973 में प्रकाशित हुआ था।

महामारी के दौरान फिलहाल हिन्दी में लिखा गया जो थोड़ा बहुत साहित्य उपलब्ध है वह इस अप्रत्याशित मानवीय त्रासदी को प्रभावी ढंग से अभिव्यक्त करता है। इस सम्बन्ध में सुभाष राय की कविता 'अंधेरे के अन्त का गीत' एक उल्लेखनीय रचना है जो कोरोना के दौरान भारत में श्रमिकों के व्यापक विस्थापन जनित त्रासदी को इस प्रकार व्यक्त करती है :

"मैं तो निकल जाना चाहता था
उन लोगों के पास, जो एक साथ
रात से, तूफान से और छल से धिरे थे
जिनके पास कोई रास्ता नहीं था
रास्ता था भी तो वह कहीं जाता नहीं था
वे वहाँ जा रहे थे, जहाँ उनका इन्तजार नहीं था
जहाँ उन्हें बहुत पहले ही
मरा हुआ मान लिया गया था
एक मर्मातक स्वप्नभंग के बाद
उससे भी कठोर एक और स्वप्नभंग
वहाँ उनका इन्तजार कर रहा था
वे घर जा रहे थे लेकिन घर नहीं था कहीं उनका
घर होने का आभस भर था जो कभी भी
भराभराकर ढ़ह जाने की कगार पर था"[34]

इस महामारी ने मनुष्यों के बीच किस तरह भावनात्मक अलगाव पैदा किया उसे व्यंग्यात्मक लहजे में प्रभावशाली तरीके से इस कविता में उद्घाटित किया है :

"इस समय सबसे खतरनाक है
मनुष्य का मनुष्य के पास होना
दूर ही रहना किसी भी मनुष्य से
चाहे वह कितने भी कष्ट में क्यो न हो
नितांत अकेला हो गया हो
भूखा हो, घायल हो, थककर बेहाल हो
गिर पड़ने वाला हो या गिर गया हो
मर जाने वाला हो या मर गया हो
बच्चों के पास मत जाना
चाहे वे जितने भी भूखे हो
उन्हें दूध के नाम पर खून पिलाती
स्त्रियों से भी बचना

चाहे वे जितनी निरूपाय हो, अकेली हो
मृत्यु के लिए अभिशप्त ही क्यों न हो?"[35]

कोरोना के दौरान समाज में फैली संवेदनहीनता और स्वकेन्द्रित समाज की स्वार्थपरता एवं बेरूखी की प्रतिध्वनि इस कविता में साफ सुनायी पड़ती है जिसके चश्मदीद गवाह हम सब रहे है।

इसी तरह राजेश जोशी की कविता 'यह दुनिया रहने के काबिल जगह नहीं रही' में भी महामारी के कारण पैदा हुए आतंक और भयानक पसरे हुए मातमी सन्नाटे को पूरी प्रामाणिकता के साथ व्यक्त किया है जिसने मनुष्य को घर के अन्दर कैद कर पूरी तरह आत्म केन्द्रित बना दिया है :

"चिमगादड़े मँडरा रही हैं पूरे आकाश में
नए-नए विषाणु पैदा हो रहे हैं हर दिन
दम तोड़ रही हैं आबादियाँ
पृथ्वी, आकाश, जल, हवा और अग्नि
सब सवालों के कठघरे में हैं
नेपथ्य से कोई प्रलय की छाया का पाठ कर रहा है जोर-जोर से
यह सम्भ्यताओं के सबसे बड़े संकट का समय है।
सारी सड़कों पर पसरा है सन्नाटा
बन्द हैं सारे घरों के दरवाजे
एक भयानक पागलपन पल रहा है दरवाजों के पीछे
दीवार फोड़कर निकल आयेगा जो
किसी भी समय बाहर
और फैल जायेगा सारी सड़को पर।"[36]

इस तरह कहा जा सकता है कि इक्कीसवीं सदी का साहित्य विशेषकर हिन्दी साहित्य स्त्री सरोकारों के अनेक आयामों को, उनके जीवन संघर्ष को, उनके साथ हो रहे भेदभावपूर्ण व्यवहारों और सामाजिक विद्वेष के विविध रूपों को पूरी प्रखरता के साथ व्यक्त करता है। यह बात अवश्य है कि सामाजिक विद्वेष के अनेक पहलुओं जैसे नवोन्मेषी व्यवसायी के रूप में उनके जीवन संघर्षों खासकर वितीय संस्थानों के पक्षतातपूर्ण रवैया, राजनीति से लेकर न्यायपालिका एवं आद्योगिक जगत में नेतृत्व के पदों पर उनकी नगण्य हिस्सेदारी जैसे आयामों पर हिन्दी साहित्य में काफी कम रचनाएँ देखने को मिलती हैं। इसी प्रकार कोरोना महामारी के कारण स्त्रियों के जीवन में आने वाले व्यापक असर जिसमें बड़े पैमाने पर नौकरी गँवाने से लेकर घर गृहस्थी की बढ़ती जिम्मेदारी तक शामिल है,

पर रचनात्मक साहित्य अत्यन्त सीमित मात्रा में ही उपलब्ध है। लेकिन मुझे पूरा विश्वास है कि हिन्दी जगत के सुधी रचनाकार इस अभाव की पूर्ति जल्दी ही करेंगे। इस विषय पर अनेक सर्जनात्मक साहित्य का आना अभी बाकी है जो इक्कीसवी सदी के दस्तावेज के रूप में हमारे सामने मौजूद होंगे और आनेवाली पीढ़ियों के लिए संबल का काम करेंगे।

इक्कीसवीं सदी के इस विस्तृत राजनीतिक सामाजिक एवं साहित्यिक विश्लेषण से स्पष्ट है कि आजादी के 75 वर्षों बाद भी समाज में स्त्रियों की स्थिति पुरुषों के समकक्ष नहीं है। इसे व्यावसायिक जगत से लेकर सामाजिक जीवन के सभी नेतृत्व वाले पदों पर उनके सीमित प्रतिनिधित्व के रूप में आसानी से समझा जा सकता है। इस सामाजिक विभेद का सामना केवल निम्नवर्गीय कामगार महिलाओं को ही नहीं करना पडता है बल्कि तथाकथित सुशिक्षित सुसंस्कृत एवं आर्थिक रूप से आत्मनिर्भर महिलाओं को भी करना पड़ता है। पेप्सिको की पूर्व चेयरमेन एवं मुख्य कार्यकारी अधिकारी इन्दिरा नूयी द्वारा उल्लेख किये गये एक वाकये से इस बात का आसानी से अन्दाजा लगाया जा सकता है। सन् 2000 के दिसम्बर महीने में उन्हें पेप्सिको के अध्यक्ष एवं बोर्ड मेम्बर के तौर पर नामित किया जाता है। नेतृत्व वाले पदों पर महिलाओं की लगभग नगण्य उपस्थिति वाले कारोबारी जगत में यह एक ऐतिहासिक घटना थी जिसे परिवार वालों के साथ साझा करने के लिए वह बेताब थी। उन्ही के शब्दों में :

''मैं सातवें आसमान पर थी। पेप्सिको की अध्यक्ष और कम्पनी के निदेशक मंडल में शामिल होना बहुत बड़ी बात थी। मैंने अपना काम तुरन्त समेटा।

मैं घर वापस आयी, रात के करीब दस बजे थे। जाड़े के मौसम में सड़क अंधेरी और सुनसान हो चली थी। कार चलाते इन पन्द्रह मिनट में मैंने अपनी उपलब्धि का भरपूर आनन्द उठाया। आखिर पूरी ज़िन्दगी इतने कठिन परिश्रम और अभ्यास के बाद मैंने यह उपलब्धि हासिल की थी।

मैंने रसोई के रास्ते घर में प्रवेश किया और अपना बैग और कार की चाभी वहीं स्लैब पर रख दिया। सभी लोगों को खुशखबरी सुनाने के लिए मैं बेताब थी। तभी मेरी माँ नजर आयी। मैंने उत्साह से कहा तुम्हारे लिए एक खुशखबरी है।

उसने कहा–"खबर का इन्तजार किया जा सकता है। अभी फिलहाल मैं चाहती हूँ कि तुम बाहर जाकर दूध ले आओ।"

तुम राज (मेरे पति) से दूध लाने के लिए क्यो नहीं कहती? ऐसा लगता है कि वह कुछ देर पहले ही घर आ चुके हैं।

वे थके हुए लग रहे थे। इसलिए उन्हे कहना मुनासिब नहीं लगा उसने कहा।

मैंने कार की चाभी उठाई, एक मील दूर दुकान तक गयी और एक गैलन दूध लेकर वापस आ गयी।

जब मैं रसोई में वापस आई, मैं सबको खुशखबरी सुनाने के लिए पागल हो रही थी। मैंने स्लैब पर दूध की बोतल पटका।

मैं पेप्सिको की अध्यक्ष बन गयी हूँ और तुम्हारे पास फुर्सत नहीं है कि रूक कर मेरी बात सुनलो-मैंने कहा। तुम्हारे लिए मेरा बाहर जाकर दूध लाना ज्यादा महत्वपूर्ण लगा।

मेरी माँ ने कहा मेरी बात सुनो! तुम पेप्सिको की अध्यक्ष या जो कुछ भी हो, जब तुम घर वापस आती हो तुम एक पत्नी एक माँ और एक बेटी हो। तुम्हारी जगह कोई और नहीं ले सकता। इसलिए घर आते समय अपना ताज वापस छोड़कर आया करो।''[37]

इन्दिरा नूयी द्वारा उद्धृत उपर्युक्त प्रसंग इस बात को उजागर करता है कि सफलता के शीर्ष पर पहुँचने के बावजूद स्त्रियों को पारिवारिक दायित्व से निजात नहीं मिलता। यह भेदभावपूर्ण स्थिति इक्कीसवीं सदी में भी दुनिया के अलग-अलग हिस्सों में बदस्तूर जारी है अलग-अलग रूपों में। भारतीय सन्दर्भ में देखें तो संवैधानिक प्रावधानों और तमाम सरकारी योजनाओं के बावजूद आज भी स्त्रियाँ पुरुषों के समान नहीं है और यह भेदभावपूर्ण स्थिति जीवन के हर क्षेत्र में दिखाई देती है। इसी कारण लाखों लड़कियाँ गर्भावस्था के दौरान ही मार दी जाती हैं और धरती पर आ भी जाती हैं—तो जीवन पर्यन्त विभेदकारी स्थितियों का सामना करती हैं। शीर्ष पदों पर उनका नगण्य प्रतिनिधित्व इसका प्रत्यक्ष प्रमाण है। ऐसा नहीं है कि स्वाधीनता प्राप्ति के 75 वर्षों में महिलाओं के जीवन में परिवर्तन नहीं आया है। निश्चित रूप से उनके जीवन में महत्वपूर्ण परिवर्तन आये हैं और आज पुरुषों के लिए आरक्षित समझे जाने वाले कार्यक्षेत्रों में भी महिलाओं का प्रवेश हो रहा है और रेलगाड़ी तथा लड़ाकू विमानों के संचालन से लेकर व्यावसायिक प्रतिष्ठानों के स्वाभित्व तक अनेक क्षेत्रों में उनकी दस्तक सुनायी देती है। लेकिन जीवन के विभिन्न क्षेत्रों में सफलता के इक्के दुक्के उदाहरण सामाजिक परिदृश्य में व्यापक बदलाव के सबूत पेश नहीं करते। ये प्रेरक जीवन प्रसंगों की नजीर जरूर पेश करते हैं, लेकिन सामाजिक जीवन में मौजूद भेदभावपूर्ण परिस्थितियों को समाप्त नहीं करते। वास्तव में संविधान निर्माताओं की इच्छा के अनुरूप जब तक हम समता मूलक समाज की स्थापना में सफल नहीं होते और झुग्गी झोपड़ी से लेकर संभ्रात घरों की स्त्रियाँ विभिन्न मोर्चे पर सामाजिक विद्वेष का शिकार होती रहती हैं एक संवेदनशील नागरिक के मन में स्वाभाविक तौर पर यह सवाल उठता रहेगा कि स्त्रियों का अमृत महोत्सव कब होगा?

सन्दर्भ

1. Missing females are women missing from the population at given dates due to cumulative effect of postnatal and prenatal sex selection in the past...... China and India together account for about 90-95 per cent of the estimated 1.2 million to 1.5 million missing female births annually worldwide due to gender biased (prenatal) sex selection.
   The state of world population 2020, United Nations Population Fund Agency (UNFPA).
2. Ibid
3. Geeta Hariharan and others Vs Reserve Bank of India & others (1999) (SC).
4. The Secretary, Ministry of Defence Vs Babita Puniya & others. (2020) (SC).
5. Kush Kalra Vs Union of India (2020) (SC).
6. The low rates of women entrepreneurship are reflected in a dismal score in the index of Women Entrepreneurs where India is ranked 52nd out of the 57 surveyed countries. The fact that few women own companies is part of a larger phenomenon of week engagement in business. This further relates to a low female labour force participation rate as well as women having fewer opportunities to become business leaders, professionals and technical workers.
   Sabrina Korreck: Women Entrepreneur in India: What is holding them back? ORF issue brief No.317, September 2019.
7. A society in which women cUnnot realize their full potential losses out on the significUnt potential for innovation, economic growth and job creation. For instance a recent study shows that in India measures to close the gender gap could lead to a 6-8 percent gain in GDP. Another study estimated that advancing women's equality in India could boost its GDP by $0.7 trillion in 2025 or 16 percent as compared to the business as usual scenario. Moreover entrepreneurship remains critical to harness the economic potential of women and thus achieve the sustainable development goals by 2030.
   Ibid.
8. Despite the presence of such highly potential women scientists, India's R & D workforce has less than 15 percent women compared to global average of 30percent according to National Task Force Report.... Numbers are no different in Science & Technology teaching institutions. Only a small percentage of women who study science go on to mark a successful career and contribute to this field.
   Press Trust of India, 28.02.2020.
9. Tens of thousands of domestic workers, predominantly women are now struggling to make ends meet. The children are falling behind due to school closures. With so many unemployed competing for jobs, these workers are likely to have even less bargaining power in the labour market after the pandemic. Many are now depending for support on their extended families, a trend that may not reverse even when society returns to normal.

Shruti Rajgopalan: Economic impact of Coronavirus could be painfully long for Indian Women.
Bloomberg opinion Business Standard 20.12.2020.

10. The world over women have trouble re-entering the workforce after losing their jobs or taking time off to have kids and this is even true for India, where women are culturally burdened with high family expectations. Consequently, even if India rebounds, this cohort of young women is likely to be left behind
Ibid.
11. Emerging evidence on the impact of essential lockdown measures and the economic fallout of the pandemic on gender based and domestic violence paints of frightening picture.
The crisis has led to an alarming escalation of violence in the home, with women bearing the brunt of the frustration and anger.
Patricia Scotland: Fighting a Double Pandemic, The Hindu, June 22, 2020.
12. During the present COVID-19 pandemic, mass school closures are tending to entrench learning gaps between girls and boys and putting many more girls at risk of sexual exploitation, early pregnancy and early or forced marriage. They also mean that children are unable to report abuse to a trusted teacher and with restrictions on home visits by police and health workers. Violence shelters being converted into health facilities and courts being forced to close many victims may find themselves trapped and feeling abandoned.
Ibid.
13. चित्रा मुद्गल : 'एक ज़मीन अपनी' सामयिक प्रकाशन, नयी दिल्ली, प्रथम संस्करण, 2002, पृ. 15-16
14. उपर्युक्त, पृ. 88
15. उपर्युक्त, पृ. 236-237
16. डॉ. प्रभा खेतान : 'अन्या से अनन्या', वाणी प्रकाशन, दरियागंज, नयी दिल्ली, पृ. 6-7
17. उपर्युक्त, पृ. 15
18. उपर्युक्त, पृ. 75
19. उपर्युक्त, पृ. 242
20. चित्र मुद्गल : प्रतिनिधि कहानियाँ (सम्पादक-सुशील सिद्धार्थ), राजकमल प्रकाशन, नयी दिल्ली, पहला संस्करण 2018, पृ. 54
21. उपर्युक्त, पृ. 56
22. उपर्युक्त, पृ. 62
23. गीतांजलि श्री, 'माई', राजकमल प्रकाशन, नई दिल्ली, तीसरा संस्करण 2016, पृ. 49-50
24. उपर्युक्त, पृ. 167
25. कृष्णा सोबती : 'ऐ लड़की', राजकमल प्रकाशन, नई दिल्ली, पहला संस्करण 2008, पृ. 55-56
26. मैत्रेयी पुष्पा, 'गुड़िया भीतर गुड़िया', राजकमल प्रकाशन, नयी दिल्ली, पहला पेपरबैक संस्करण 2002, पृ. 119-120

27. कुंदनिका कापड़िया, 'सत पगलान आकाशमा', (नंदिनी मेहता द्वारा 'दीवारों से पार : आकाश' नाम से अनुवाद) साहित्य अकादमी, नयी दिल्ली, प्रथम संस्करण 1990, पृ. 36
28. मैत्रेयी पुष्पा, गुड़िया भीतर गुड़िया, पृ. 34-35
29. उपर्युक्त, पृ. 15
30. नादिरा ज़हीर बब्बर, 'सकुबाई' वाणी प्रकाशन, नयी दिल्ली, प्रथम संस्कारण, 2008, पृ. 21
31. Ishan Gara, '95% domestic workers earn less than Rs.10,000 per month shows data', Business Standard, 23 November, 2021.
32. 'सकुबाई', पृ. 49
33. उपर्युक्त, पृ. 63
34. सुभाष राय, 'आजकल', जुलाई 2020
35. उपर्युक्त,
36. राजेश जोशी, 'उल्लंघन'(कविता संग्रह), राजकमल प्रकाशन, नयी दिल्ली, प्रथम संस्करण : 2021 पृ. 63
37. I was over the moon. This was major. President of Pepsico. The board of directors. Wow! I packed up work immediately.

    I drove home. It was about 10 p.m. and the wintery roads were peaceful and dark. In those fifteen minutes behind the wheel, I let myself enjoy my accomplishment. I had worked so hard, learned so much, and earned my place.

    I entered our house through the kitchen door and dropped my keys and bag on the counter. I was bursting with excitement - so eager to tell everyone. Then my mother appeared. "I have the most incredible news!" I exclaimed. The news can wait, she said" I need you to go out and get milk".

    "Why didn't you ask Raj to go to get the milk?" I asked. "It looks like he came home a while ago".

    "He looked tired, so I didn't want to disturb him". She said.

    I picked up my keys, went back to the car, drove to the stop & shop a mile away and bought a gallon of whole milk.

    When I walked to go the kitchen again, I was hopping mad. I slammed the plastic bottle on the counter.

    "I have just become President of Pepsico, and you couldn't just stop and listen to my news", I said loudly. "You just wanted me to get the milk!".

    "Listen to me", my mother replied, "you may be the president of Pepsico or whatever, but when you come home, you are a wife and at mother and a daughter, nobody can take your place.

    "So you leave that crown in the garage."

    Indira K. Nooyi, 'My Life in Full'. Hachette India, Gurugram, 2021, page 160-161.

खण्ड

दो

चतुर्थ अध्याय

मध्यवर्गीय नौकरी पेशा स्त्री की अधूरी आकांक्षा की कहानी : आधे-अधूरे

1969 में प्रकाशित मोहन राकेश का नाटक 'आधे-अधूरे' स्वाधीन भारत में मध्यम वर्गीय नौकरीपेशा स्त्री के जीवन में व्याप्त अधूरेपन की दास्तान है। यघपि अधूरेपन की त्रासदी सिर्फ़ स्त्री तक सीमित नहीं है, बल्कि परिवार के सभी सदस्य इससे पीड़ित है, लेकिन नाटक की केन्द्रीय धुरी होने के कारण स्त्री का अधूरापन सर्वाधिक मुखर रूप में सामने आता है। अधूरेपन की इस त्रासद कथा को मध्यम वर्गीय परिवार के ताने-बाने में विन्यस्त किया गया है। इस परिवार मे पति महेन्द्रनाथ व्यापार में सारी पूँजी गँवाकर बेकार बैठा है और पत्नी सावित्री की नौकरी पर सभी व्यक्ति आश्रित हैं। परिवार का हर सदस्य अपनी वर्तमान परिस्थिति से असन्तुष्ट है, अपने लिए बेहतर भविष्य की तलाश में घर छोड़ने का असफल प्रयास भी करते हैं, लेकिन परिस्थितियाँ उन्हें उसी तनाव भरे दमघोटूँ वातावरण में लौटने पर मजबूर करती हैं।

प्रसिद्ध नाट्य समीक्षक नेमिचन्द्र जैन ने परिवार में मौजूद अधूरेपन की पीड़ा को इस प्रकार व्यक्त किया है :

दोनों अपने में आधे हैं, अधूरे हैं, पर दूसरा उस अधूरेपन को कम नहीं करता, बल्कि उसके अहसास को और भी तीव्र कर देता है। इससे भी बड़ी बिडम्बना यह है कि दोनों एक-दूसरे को छोड़कर जा नहीं सकते—इतने अधूरे हैं, इतने पंगु हैं। हर मंगल शनिचर की भाँति इस बार भी महेन्द्रनाथ अगले दिन शाम तक लौट आता है। सावित्री भी जगमोहन के साथ घर छोड़ने के प्रयास में असफल होकर वहीं लौटती है। दोनों इसी प्रकार एक साथ रहने को बाध्य हैं। शायद दुर्बलता के कारण शायद आदत के कारण शायद परिस्थितियों के कारण।

पति-पत्नी के बीच इस असामंजस्य और कलह का असर बच्चों पर भी भरपूर है। बड़ी बेटी बिन्नी ने माँ के ही एक प्रेमी मनोज के साथ भागकर विवाह कर लिया, पर अब दुखी और संत्रस्त है। बेटा अशोक पिता की भाँति ही बेकार है, उसका किसी नौकरी में मन नहीं लगता और मनपसन्द कोई काम मिलता नहीं। छोटी बेटी किन्नी इस वातावरण में सहज ही बिगड़कर ज़िद्दी, चिड़चिड़ी और विद्रोही हो गयी है। बिन्नी के इस घर में लौट आने और अशोक की बेकारी में जैसे सावित्री और महेन्द्रनाथ की ज़िन्दगियों की ही पुनरावृत्ति है। वैसी ही तनाव भरी असंगत और व्यर्थतापूर्ण स्थितियों की नयी शुरुआत।"[1]

एक आम मध्यमवर्गीय स्त्री की तरह सावित्री घर को संजोये रखने का भरसक प्रयास करती है, लेकिन उसके प्रयास को सही परिपेक्ष्य में समझने वाला कोई नहीं, घर के सभी सदस्यों को ऐसा लगता है कि वह अपनी वजह से हर काम को अंजाम देती है। एक मात्रा उसकी बड़ी लड़की बिन्नी को अहसास है कि अपने घर को सँभालने के लिए सावित्री कितना करती आयी है, कितना सहती आयी है। बड़ी लड़की और सावित्री के संवादो से इस बात की स्पष्ट झलक मिलती है :

बड़ी लड़की : "क्या बात है ममा!

स्त्री : कुछ नहीं।

बड़ी लड़की : फिर भी

स्त्री : कहा है न, कुछ नहीं।

बड़ी लड़की : ममा!

तुम तो आदी हो रोज़-रोज़ ऐसी बातें सुनने की। कब तक इन्हें मन पर लाती रहोगी।

एक तुम्हीं करने वाली हो सबकुछ इस घर में। अगर तुम्हीं...।

स्त्री : (रूलाई लिए स्वर में) अब मुझसे नहीं होता बिन्नी! अब मुझसे नहीं सँभलता।

बड़ी लड़की : जो तुमसे नही सँभलता, वह और किससे सँभल सकता है इस घर में...जान सकती हूँ।

जब से बड़ी हुई हूँ, तभी से देख रही हूँ। तुम सब कुछ सहकर भी रात दिन अपने को इस घर के लिए हलाक करती रही हो और...

स्त्री : पर क्या हुआ है उससे?"[2]

उपर्युक्त संवादों से यह अहसास होता है कि बड़ी लड़की बिन्नी अपनी माँ के प्रति सहानुभूति रखती है और घर के लिए किये गये उसके प्रयासों को पूरी

तरह समझती है। वह जानती है कि एक ओर अकेली कामकाजी सदस्य होने के नाते सावित्री पर परिवार चलाने का कठिन दायित्व है तो दूसरी ओर अपनी खुद की ज़िन्दगी को भी सार्थक बनाने की चुनौती। लेकिन यह चुनौती और भी कठिन हो जाती है जब उसकी एकमात्र संगदिल बिन्नी भी उससे पूछती है कि इस घर में ऐसा क्या है जिसकी काली छाया उसके और पति मनोज के बीच सम्बन्ध को सामान्य नहीं रहने देता।

बड़ी लड़की : "क्या बात है ममा!

बड़ी लड़की : मैं यहाँ आती हूँ...यहाँ आती हूँ तो सिर्फ़ इसीलिए कि...

स्त्री : तेरा अपना घर है यह।

बड़ी लड़की : मेरा अपना घर! ...हाँ और मैं आती हूँ कि एक बार फिर खोजने की कोशिश कर देखूँ कि क्या चीज़ है वह इस घर में जिसे लेकर बार-बार मुझे हीन किया जाता है। (लगभग टूटते स्वर में) तुम बता सकती हो ममा कि क्या चीज़ है वह? इस घर के खिड़कियों-दरवाज़ों में? छत में? दीवारों में? तुममें? डैडी में? बिन्नी में? अशोक में? कहाँ छिपी है वह मनहूस चीज़ जो वह कहता है मैं इस घर से अपने अन्दर लेकर गयी हूँ?"[3]

भारतीय समाज में स्वाधीनता के आरम्भिक दशको में कामकाजी महिलाओं पर दोहरा दबाव रहा है-कार्यालय और घर दोनों को व्यवस्थित ढंग से चलाने की चुनौतीः बहुत हद तक महिला खेतिहर की तरह। परिवार और समाज न केवल उसके कार्य को अपेक्षित महत्त्व नहीं देता बल्कि सामाजिक मर्यादा और आचरण के नाम पर लगातार प्रताड़ित भी करता है। घर के सदस्य भी काम निबटाने में अक्सर भागीदारी कम ही करते हैं, जिससे उसकी ज़िन्दगी पर दबाव बढ़ता जाता है। महिला खेतिहर के सम्बन्ध में काम के बोझ का आकलन करते हुए वरिष्ठ पत्राकार मृणाल पांडे ने सटीक टिप्पणी की है कि :

"औरतों पर दोहरा दबाव रहता है। पहले घर का काम करो, सबका खाना, पशुओं के चारे-ईधन की व्यवस्था करो, फिर खेतों में घंटों तकलीफदेह मुद्राओं में खेतों के बीच निराई, गुड़ाई, रोपाई और कटाई का काम करने जाओ। वापस आकर भी पुरुष खेतिहर की तरह औरत को आराम या पका पकाया खाना नहीं मिलता। खाना पकाओ, सबको खिलाओ फिर घर के टंटे निबटाओ और रसोई समेटकर अगले दिन की तैयारी करो। विश्व खाद्य एवं कृषि संगठन यानी एफएओ की एक रपट के अनुसार हिमालयीन इलाके में लगभग एक एकड़ के खेत में हर

साल एक बैल 1064 घण्टे, पुरुष खेतिहर 1212 घण्टे और एक महिला खेतिहर 3485 घण्टे काम करते हैं।"[4]

महिला खेतिहर पर जिस दोहरे दबाव को मृणाल पाण्डे ने रेखांकित किया है, स्वातन्त्र्योत्तर भारतीय समाज में शुरुआती वर्षो में कामकाजी महिलाएँ भी उसी तरह का दबाव झेलती रही हैं; भिन्न परिप्रेक्ष्य और स्वरूप में। जिस तरह विश्व खाद्य एवं कृषि संगठन की रिपोर्ट के अनुसार एक खेतिहर महिला, एक बैल और अपने पुरुष समकक्ष की तुलना में लगभग तीन गुना अधिक काम करती है, उसी तरह कामकाजी महिला को भी अपने पुरुष समकक्ष की तुलना में कही अधिक काम करना पड़ता है। घर और बाहर के दोहरे दबाव को सावित्री भी झेलती है, जिसका संकेत नाटक के प्रारम्भ में ही मिल जाता है-घर संजोने की असफल चेष्टा करती हुई सावित्री के संवादो के माध्यम से :

स्त्री (थकान निकालने के स्वर में) : ओह होह होह होह होह।
(कुछ हताश भाव से) फिर घर में कोई नहीं।
(अन्दर के दरवाज़े की तरफ़ देखकर) किन्नी! होगी ही
नहीं जबाब कहाँ से दे? (तिपाई पर पड़े बैग को देखकर)

यह हाल है इसका! (बैग की एक किताब उठाकर) फिर फाड़ लाई एक और किताब! जरा शरम नहीं कि रोज-रोज कहाँ से पैसे आ सकते हैं नयी किताबो के लिए! (सोफे के पास आकर) और अशोक बाबू यह कमाई करते रहे हैं दिन भर! (तसवीरें उठाकर देखती) एलिजाबेथ टेलर...आड्रेबर्न...शर्ले मैक्लेन! ज़िन्दगी काट रहे हैं इन तसवीरों के साथ! तसवीरें वापस रखकर बैठने लगती है कि नजर झूलते पाजामे पर जा पड़ती है। (उस तरफ़ जाती) बड़े साहब वहाँ अपनी कारगुजारी कर गये हैं।

पाजामे को मरे जानवर की तरह उठाकर देखती है और कोने में फेंकने को होकर फिर एक झटके के साथ उसे तहाने लगती है।

दिन भर घर पर रहकर आदमी और कुछ नहीं तो अपने कपड़े तो ठिकाने पर रख ही सकता है। पाजामा कबर्ड में रखने से पहले डाइनिंग टेबल पर पड़े चाय के सामान को देखकर और खीझ जाती है, पाजामे को कुरसी पर पटक देती है और प्यालियाँ वगैरह ट्रे में रखने लगती है :

इतना तक नहीं कि चाय पी है, तो बरतन रसोईधर में छोड़ आयें। मैं ही आकर उठाऊँ!

पता नहीं यह क्या तरीका है इस घर का रोज़ आने पर पचास चीज़ें यहाँ-वहाँ बिखरी मिलती हैं।"[5]

उपर्युक्त संवाद से घर और बाहर को सँभालने के दुहरे दबाव के कारण खीझती हुई स्त्री की तस्वीर साफ नज़र आती है। एक सामान्य मध्यवर्गीय कामकाजी महिला की तरह वह पूरा प्रसास करती है कि उसका परिवार टूटने न पाए। दरअसल सावित्री उस तरह की 'कैरियर वूमेन' नही है, जिसके लिए स्वयं का सरोकार घरेलू सरोकारों से कहीं ऊपर है। यद्यपि नाटक में कहीं-कहीं वह आत्मकेन्द्रित नजर आती है, लेकिन उसके चरित्र को सम्पूर्णता में देखें तो वह मूलतः अपने घर को बनाये रखने के लिए संघर्षरत कामकाजी महिला के रूप में ही दिखाई पड़ती है। अपने बेटे अशोक की नौकरी लगाने के लिए वह जी जान से प्रयास करती है कई बार उच्च वर्गीय लोगों से अपने सम्बन्ध का फायदा उठाकर भी। हालाँकि इस प्रयास की त्रासदी यह है कि उसका खुद का बेटा न केवल उसे इसका श्रेय नहीं देता है बल्कि वह अपनी माँ के सरोकारों के प्रति बिल्कुल संवेदनशील नहीं है। नाटक में सावित्री और उसके बेटे अशोक का संवाद इस स्थिति को उधाड़कर सामने रख देता है :

स्त्री : "मुझे तरी हरकतें बिल्कुल पसन्द नही है। सुन रहा है तू? सुन रहा है या नहीं?

लड़का : सुन रहा हूँ।

स्त्री : सुन रहा है, तो कुछ कहना नहीं है तुझे?

लड़का : क्या कह सकता हूँ?

स्त्री : मत कह, नहीं कह सकता तो। पर मैं मिन्नत-खुशामद से लोगों को घर बुलाऊँ और तू आने पर उनका मज़ाक उड़ाये, उनके कार्टून बनाय...ऐसी चीज़ें अब मुझे बिल्कुल बरदाश्त नहीं है। सुन लिया? बिल्कुल...बिल्कुल बरदाश्त नहीं हैं।

लड़का : नहीं वरदाश्त हैं, तो बुलाती क्यों हो ऐसे लोगों को घर पर कि जिनके आने से...?

स्त्री : हाँ...हाँ...बता क्या होता हैं जिनके आने से?

लड़का : रहने दो ! मैं इसीलिए चला जाना चाहता था पहले ही।

स्त्री : तू बात पूरी कर अपनी।

लड़का : जिनके आने से हम जितने छोटे हैं, उससे और छोटे हो जाते हैं अपनी नजर में।

स्त्री : मतलब?

लड़का : मतलब वही जो मैंने कहा है। आज तक जिस किसी को बुलाया है तुमने किस वजह से बुलाया हैं?

स्त्री : तू क्या समझता है? किस बजह से बुलाया है?

लड़का : उसकी किसी बड़ी चीज़ की वजह से। एक को कि वह इन्टेलेक्चुअल बहुत बड़ा है। दूसरे को कि उसकी तनखाह पाँच हज़ार है। तीसरे को कि उसकी तख़्ती चीफ कमिश्नर की है। जब भी बुलाया है, आदमी को नहीं उसकी तनखाह को, नाम को, रूतबे को बुलाया है।

स्त्री : तू कहना क्या चाहता हैं इससे? कि ऐसे लोगों के आने से इस घर के लोग छोटे हो जाते हैं।

लड़का : बहुत-बहुत छोटे हो जाते हैं।

स्त्री : और मै उन्हें इसीलिए बुलाती हूँ कि...।

लड़का : पता नहीं किसलिए बुलाती हो, पर बुलाती सिर्फ़ ऐसे ही लोगो को हो। अच्छा तुम्हीं बताओ, किसलिए बुलाती हो?

स्त्री : इसलिए कि किसी तरह इस घर का कुछ बन सके। कि मेरे अकेली के अपर बहुत बोझ है इस घर का। जिसे कोई और भी मेरे साथ ढोने वाला हो सके। अगर मैं कुछ ख़ास लोगों के साथ सम्बन्ध बनाकर रखना चाहती हूँ तो अपने लिए नहीं, तुम लोगों के लिए। पर तुम लोग इससे छोटे हो जाते हो, तो मैं भी छोड़ दूँगी कोशिश। हाँ, इतना कहकर कि अकेले दम इस घर की जिम्मेदारियाँ नहीं उठाती रह सकती और एक आदमी है जो घर का सारा पैसा डुबोकर सालों से हाथ पर हाथ धरे बैठा है। दूसरा अपनी कोशिश से कुछ करना तो दूर, मेरे सिर फोड़ने से भी किसी ठिकाने लगना अपना अपमान समझता है। ऐसे में मुझसे भी नहीं निभ सकता है। जब और किसी को यहाँ दर्द नहीं किसी चीज़ का, तो अकेली मैं ही क्यो अपने को चिखती रहूँ रात दिन? मै भी क्यों न सुर्खरू होकर बैठ रहूँ अपनी जगह? उससे तो तुममें से कोई छोटा नहीं होगा।"[6]

घर और बाहर के दोहरे दबाव को झेलती एक कामकाजी महिला स्वभाविक तौर पर चाहती है कि घर के सदस्य-पति, बेटा, बेटी उसके प्रयासों की सराहना करे, उससे भावनात्मक साझेदारी करें। लेकिन बड़ी बेटी बिन्नी के अलावा कोई उसके प्रयासों की गम्भीरता को नहीं समझता। एक स्त्री जो अपने बच्चों के लिए बहुत कुछ सहती है, संघर्ष करती हैं चाहती है कि बच्चे उससे संवेदनात्मक लगाव रखें। लेकिन बच्चों से उसे निराशा ही हाथ लगती है। सावित्री जी-जान से प्रयास करती है कि उसके बेकार बेटे अशोक की कहीं ढ़ंग की नौकरी लग जाये ताकि आर्थिक मोर्चे पर परिवार की स्थिरता बनी रहे और कोई अन्य सदस्य उसके साथ पारिवारिक दायित्वों की साझीदारी करे। किन्तु अशोक न केवल सावित्री के प्रयासों को व्यर्थ साबित करता है बल्कि इन प्रयासों को सावित्री द्वारा बड़े लोगो से सम्बन्ध बनाने का माध्यम मानता है। उसके अनुसार इन बड़े लोगों के आने से परिवार के आत्म सम्मान को ठेस पहुँचती है और परिवार के सदस्य अपने को छोटा महसूस करते हैं। नाटक में लड़का और लड़की का संवाद सावित्री द्वारा घर को बनाये रखने के लिए किये गये प्रयासों की व्यर्थता को उद्घाटित करता है :

लड़का : "मैं कहना नहीं चाहता था लेकिन...।

बड़ी लड़की : तो कह क्यों रहा है?

लड़का : कहना पड़ रहा है क्योंकि जब नहीं निभता इनसे यह सब, तो क्यों निभाए जाती हैं...?

स्त्री : मैं निभाए जाती हूँ क्योंकि...।

लड़का : कोई और निभाने वाला नही है...यह बात बहुत बार कही जा चुकी है इस घर में।

बड़ी लड़की : तो तू सोचता है कि ममा जो कुछ भी करती हैं यहाँ...?

लड़का : मै पूछता हूँ क्यों करती हैं? किसके लिए करती हैं?

बड़ी लड़की : मेरे लिए करती थी...।

लड़का : तू घर छोड़कर चली गयी।

बड़ी लड़की : किन्नी के लिए करती हैं...।

लड़का : वह दिन-ब-दिन पहले से बदतमीज होती जा रही है।

बड़ी लड़की : डैडी के लिए करती हैं...।

लड़का : उनकी हालत देखकर रहम नही आता?

बड़ी लड़की : और सबसे ज़्यादा तेरे लिए करती हैं।

लड़का : और मैं ही शायद इस घर में सबसे ज़्यादा नाकारा हूँ।"[7]

अपने बच्चों की बेरूखी और पारिवारिक एवं कामकाजी जीवन के विभिन्न क्षेत्रों में संघर्ष करती हुई सावित्री आखिर हार जाती है। एक ऐसी स्त्री जो अपना पूरा जीवन हलकान करती हैं घर को बनाये रखने के लिए, लेकिन घर के सदस्यों से संवेदना और साझेदारी के दो बोल न पाकर वह पूरी तरह टूट जाती है और सिर्फ़ अपने बारे में सोचने का निर्णय लेती है :

स्त्री : "तो ठीक है। आज से मैं सिर्फ़ अपनी ज़िन्दगी को देखूँगी ...तुम लोग अपनी-अपनी ज़िन्दगी को खुद देख लेना।

: मेरे पास अब बहुत साल नही हैं जीने को पर जितने हैं, उन्हें मैं इसी तरह और निभाते हुए नहीं काटूँगी। मेरे करने से जो कुछ हो सकता था इस घर का हो चुका आज तक, मेरी तरफ़ से यह अन्त है उसका...। निश्चित अन्त।"[8]

वास्तव में 'आधे-अधूरे' न केवल मध्यवर्गीय परिवार के विघटन की कहानी है, बल्कि इस परिवार के केन्द्र में मौजूद नौकरीपेशा महिला के सपनों और आकांक्षाओं के टूटने की भी कहानी है। सावित्री पूरा प्रयास करती है पत्नी, माँ और नौकरी पेशा स्त्री के रूप में सभी भूमिकाओं में सन्तुलन बिठाने की, लेकिन घर के सदस्यों की बेरूखी और संवेदनहीनता के कारण वह अन्त में पराजित होती है। उसका पूरा प्रयास है कि किसी तरह उसका 'घर' बना रह सके लेकिन सारे प्रयासों के बावजूद कोई उसे समझ नही पाता है और न ही कोई ख़ुश हो पाता है। दरअसल यह नाटक केवल सावित्री नामक एक स्त्री के आकांक्षाओं के टूटने की कथा नहीं है, बल्कि स्वाधीन भारत में एक कामकाजी महिला के विभिन्न मोर्चो पर अनवरत संघर्ष करने और इस संघर्ष में पराजित होने की त्रासदी है। नाटककार की उपलब्धि इस बात की है कि रूमानियत और आदर्शवादिता के आवरण के बिना नौकरी पेशा स्त्री के संघर्ष और उसकी पराजय को उन्होंने पूरी प्रामाणिकता के साथ अभिव्यक्त किया है।

सन्दर्भ

1. नेमी चन्द्र जैन : 'मोहन राकेश के सम्पूर्ण नाटक' की भूमिका, राजपाल एंड संस, कश्मीरी गेट, दिल्ली, दूसरा संस्करण, अक्टूबर 1999, पृ. 10-11
2. मोहन राकेश : 'आधे-अधूरे', मोहन राकेश के सम्पूर्ण नाटक, सम्पादक : नेमिचन्द्र जैन राजपाल एंड संस, कश्मीरी गेट गेट दिल्ली, पृ. 267-268
3. उपर्युक्त, पृ. 263

4. मृणाल पाण्डे, 'महिला खेतिहर की भी सुध लीजिए', दैनिक जागरण, 25 जुलाई 2017
5. मोहन राकेश : 'आधे-अधूरे', मोहन राकेश के सम्पूर्ण नाटक, सम्पादक : नेमिचन्द्र जैन, राजपाल एंड संस, कश्मीरी गेट, दिल्ली, पृ. 247-248
6. उपर्युक्त पृ. 284-286
7. उपर्युक्त पृ. 287
8. उपर्युक्त पृ. 288

पंचम अध्याय

आधुनिक भारतीय कैरियर वूमन की संघर्ष कथा : मुझे चाँद चाहिए

स्वातन्त्र्योत्तर हिन्दी साहित्य का मुख्य सरोकार मनुष्य की आकांक्षा और मोहभंग का आख्यान है। स्वप्न बनाम निराशा, आकांक्षा बनाम असफलता, मूल्यबोध बनाम मूल्यहीनता, नैतिकता बनाम प्रतिनैतिकता, आस्था बनाम मोहभंग की अन्तर्विरोधी मानसिंकता स्वातन्त्र्योत्तर हिन्दी साहित्य का बुनियादी स्वभाव रहा है। इस दौर के साहित्य में एक ओर साम्प्रदायिकता, रक्तपात, हिंसा, अवसरवादिता और टूटते-बिखरते हुए सम्बन्ध हैं, तो दूसरी ओर मानव-भविष्य में आस्था और अपने सपने को साकार करने की उत्कट जिजीविषा भी है। स्वातन्त्र्योत्तर हिन्दी साहित्य की इस अन्तर्विरोधी मानसिकता को रेखांकित करते हुए श्री राजेन्द्र यादव ने बिल्कुल ठीक लिखा है कि :

"स्वातन्त्र्योत्तर हिन्दी कथा-साहित्य हमारी आशाओं और महत्त्वाकांक्षाओं तथा पराजयों और कुण्ठाओं का बयान करती है।"[1]

सुरेन्द्र वर्मा के बहुचर्चित उपन्यसास 'मुझे चाँद चाहिए' का केन्द्रीय सरोकार भी मनुष्य की आकांक्षा और उस आकांक्षा की पूर्ति के लिए किये गये संघर्ष का आख्यान है। रचनाकार ने मुख्य रूप से स्त्री-पात्रों के माध्यम से व्यक्ति की आशाओं और महत्त्वाकांक्षाओं को अभिव्यक्त किया है। वस्तुतः यह उपन्यास स्त्री-आकांक्षा और संस्थान की टकराहट का आख्यान है। जैसा कि उपन्यास के शीर्षक से ही स्पष्ट है कि यह मनुष्य की उत्कट आकांक्षा की कथा है। चाँद एक प्रतीक है—सुख का, सपने का, आशा का, महत्त्वकांक्षा का, प्रेम का, सफलता का वगैरह-वगैरह। लम्बे समय से मनुष्य की इच्छा चाँद को पाने की रही है, यह बात दीगर है कि हरेक आदमी के लिए चन्द्रमा का रूप अलग-अलग होता है।

'मुझे चाँद चाहिए' उपन्यास की मूल प्रेरणा अल्बैर कामू का प्रसिद्ध नाटक 'कलिगुला' है। उपन्यास के आरम्भिक पृष्ठ पर ही सुरेन्द्र वर्मा ने 'कालिगुला; का हवाला देकर अपना मंतव्य साफ कर दिया है कि यह उपन्यास मनुष्य की इच्छा और प्रयत्न के द्वन्द्व का है। अपने परिचेश और अपनी ज़िन्दगी से बेज़ार मनुष्य की आकांक्षा को कामू ने 'कालिगुला' के इस संवाद के माध्यम से बहुत प्रामाणिक ढंग से अभिव्यक्त किया है जो 'मुझे चाँद चाहिए' उपन्यास का मूल आधार भी है :

"अचानक ही मुझे असम्भव को पाने की इच्छा हुई। अपने चारों ओर जो भी, जैसी भी हालत में है, मुझे बिल्कुल सन्तोषजनक नहीं लगता...ये संसार जैसा है, जीने लायक नहीं है। इसीलिए तो मुझे चन्द्रमा की ज़रूरत है; या खुशी की या अमर होने की, किसी भी ऐसी चीज़ की जो चाहे निरर्थक हो, लेकिन इस दुनिया की न हो।"[2]

सुख की इच्छा एक सर्वाभौमिक इच्छा है, लेकिन महानगरों के विकास, औद्योगिकीकरण, ग्रामीण व्यवस्था के पतन और ग्रामीण व्यक्ति के बड़े पैमाने पर शहरों की ओर पलायन के कारण यह इच्छा और भी शिद्दत से महसूस की जाने लगी है। अपनी भाषा, अपनी संस्कृति और अपनी ज़मीन से विस्थापित लोगों को छोटे-छोटे सुख या कम-से-कम सुख की इच्छा ही जीवित रखते हैं। जब समाज और परिवार का संगठन काफ़ी मज़बूत था, तब मनुष्य पारिवारिक और सामाजिक सम्बन्धों के भीतर ही अपनी कामना और आकांक्षा की पूर्ति का सन्तोष पा लेता था और तब व्यक्तिगत आकांक्षा का सवाल ही महत्त्वपूर्ण नहीं रह जाता था। लकिन जब से भारतीय परिवार और समाज का पारम्परिक ढाँचा दरकने लगा है और सम्बन्ध तल्ख़ होने लगे हैं, व्यक्तिगत आकांक्षा का यह मुद्दा महत्त्वपूर्ण होता गया है। उपभोक्तावादी संस्कृति के दबाव ने इस मुद्दे को और भी मुखर बना दिया है। स्वतन्त्रता प्राप्ति से पहले भारतीय मनुष्य की मूल चिन्ता "सामाजिक कल्याण" की हुआ करती थी, लेकिन स्वातन्त्र्योत्तर व्यक्ति का मूल सरोकार "व्यक्तिगत सुख की खोज़" हो गया है। औद्योगिक सभ्यता के विस्तार, महानगरों के विकास और पारिवारिक तथा सामाजिक सम्बन्धों के विघटन ने भारतीय समाज की संरचना पूरी तरह बदलकर रख दी है। अब स्त्रियाँ घर की चारदीवारी में बन्द रहकर अपने को असूर्यपश्या कहलाने में गौरव महसूस नहीं करतीं, बल्कि वे भी अपने लिए स्वतन्त्र कैरियर और सभी प्रकार की स्वाधीनता चाहती हैं। इसका नतीजा होता है कि उन्हें संस्थानों के विविध रूपों से—समाज से,

धर्म से, राजनीति से, परिवार से, पिता से, भाई से, बहन से, टकराना पड़ता है जो उनकी आकांक्षा पूर्ति में बाधक होते हैं। स्वातन्त्र्योत्तर हिन्दी साहित्य का एक प्रमुख मुद्‌दा स्त्री-आकांक्षा और संस्थान की टकराहट है। मोहन राकेश का उपन्यास 'अन्धेरे बन्द कमरे', कृष्णा सोबती के उपन्यास 'मित्रो मरजानी', 'सूरजमुखी अन्धेरे के', राजी सेठ का उपन्यास 'तत्सम', मंजुल भगत का उपन्यास 'अनारो', प्रभा खेतान का उपन्यास 'छिन्नमस्ता', मैत्रेयी पुष्पा का उपन्यास 'इदन्नमम' आदि प्रमुख उपन्यास हैं जिनमें इस मुद्‌दे को काफ़ी विश्सनीय ढंग से उठाया गया है। स्त्री-आकांक्षा और संस्थान की टकराहट की समस्या सुरेन्द्र वर्मा की रचनाओं में अलग-अलग रूपों में अभिव्यक्त किया गया है। विशेषतः अपने नाटकों 'सूर्य की अन्तिम किरण से सूर्य की पहली किरण तक', 'सेतुबन्ध', 'द्रौपदी', 'शकुन्तला की अंगूठी' आदि में उन्होंने स्त्री-आकांक्षा और संस्थान की टकराहट को प्रभावशाली तरीक़े से रेखांकित किया है। 'मुझे चाँद चाहिए' उपन्यास में सुरेन्द्र वर्मा ने स्त्री-आकांक्षा के सवाल को व्यापक फलक पर उठाया है जो अपना नाम चुनने की आजादी से लेकर कैरियर के चुनाव तक व्यक्तिगत जीवन के कई महत्त्वपूर्ण मुद्दों को समेटता है।

भारतीय समाज में स्त्री को स्वतन्त्र व्यक्तित्त्व निर्मित करने के लिए काफ़ी ज़द्‌दोजहद करनी पड़ती है। प्राचीन काल से लेकर अब तक भारतीय समाज का अन्तर्विरोधी मिज़ाज़ नारी के मामले में प्रकट हो जाता है। यद्यपि 'यत्र नार्यस्तु पूज्यन्ते रमन्ते तत्र देवता'' कहकर भारतीय समाज और परिवार में नारियों को गौरव और प्रतिष्ठा दी गयी है, लेकिन व्यावहारिक धरातल पर समाज इस प्रतिष्ठा को मान्यता नहीं देता। वैसे परिवार और समाज में नारियों को ''देवी, माँ, सहचरी, प्राण'' की उपाधि देकर सम्मानित किया जाता है, लेकिन जब स्वतन्त्र व्यक्ति की हैसियत से यही नारियाँ समान अधिकार की बात करती हैं, तब समाज इनकी माँगों को ख़ारिज कर देता है। इस प्रकार अपनी आकांक्षा की पूर्ति के लिए उन्हें विभिन्न प्रकार से संस्थानों से जूझना पड़ता है और जूझने की प्रक्रिया में कई बार वे क्षत-विक्षत होकर समाप्त भी हो जाती हैं और स्वतन्त्रता का उनका प्रश्न निरस्त हो जाता है।

सुरेन्द्र वर्मा ने अपने उपन्यास 'मुझे चाँद चाहिए' में स्त्री-आकांक्षा और संस्थान की टकराहट को व्यापक परिप्रेक्ष्य में उठाया है। रचनाकार ने मुख्यतः उपन्यास की नायिका वर्षा वशिष्ठ के माध्यम से इसे अभिव्यक्त किया है, लेकिन उपन्यास के अन्य स्त्री-पात्र भी इस संघर्ष को प्रामाणिक रूप से व्यक्त करते हैं।

वस्तुतः विभिन्न प्रकार के स्त्री-पात्रों के माध्यम से रचनाकार ने निम्न मध्यवर्गीय, मध्यवर्गीय और उच्चवर्गीय व्यक्ति की आकांक्षाओं को अभिव्यक्त किया है। वस्तुतः यह अपनी आकांक्षा और सपने को सफल बनाने के लिए प्रत्येक व्यक्ति के संघर्ष का आख्यान है। हालाँकि उपन्यास के उत्तरार्द्ध में रचनाकार ने चमत्कारवाद का रंग इतना गाढ़ा कर दिया है कि व्यक्ति का संघर्ष, उसकी टकराहट सब मंद पड़ जाते हैं और कभी-कभी लगता है कि यह व्यक्ति की महत्त्वाकांक्षा और संस्थान की टकराहट का उपन्यास न होकर, केवल व्यक्ति की सफलता का आख्यान है, लेकिन उपन्यास से पूरी तरह गुजरने पर यह मान्यता भ्रान्त प्रतीत होती है। वस्तुतः इस उपन्यास में व्यक्ति के सपने भी हैं और मोहभंग भी, आशा भी है और निराशा भी, सफलता भी और असफलता भी, कुंठा भी है और नवनिर्माण का साहस भी। इस सन्दर्भ में थोड़ी-बहुत अतियोक्ति के बावजूद श्री रामगोपाल बजाज की मान्यता सहमति की काफ़ी गुंजाइश रखती है। मुझे 'चाँद चाहिए'' उपन्यास पर टिप्पणी करते हुए उनका कहना है कि :

''एक छोटे शहर में साधारण-सी दिखने वाली नवयुवती का अत्यन्त साधारण घर और परिवार, उसके आस-पास का परिवेश, लखनऊ जैसा शहर, राजधानी दिल्ली और महानगर बम्बई की सड़ी-गली लेकिन चौकाचौंध करने वाली दुनिया, कलात्मक प्रतिष्ठा चाहने वाले महत्त्वकांक्षी अभिनेता और अभिनेत्रियों की अँधेरी गुफाओं और ऊँची उड़ानों को धारण करने वाले व्यावहारिक सिनेमा और स्टार संस्कृति, निर्जीव भावनाएँ, प्रेम और काम के सरल और संश्लिष्ट सरोकार, मस्तिष्क और शरीर दोनों का अतिक्रमण...'कालिगुला' का गहन अन्धकार, चैखव के खण्डित पात्रों का क्षोभ, रचनात्मक व्यक्तियों या व्यक्तियों की उच्चाकांक्षा और उनकी आत्मा की गहरी अन्धेरी घाटियाँ, मध्यवर्ग, उच्च-मध्यवर्ग और उच्चवर्ग—ये सभी चीज़ें केवल एक हिन्दी उपन्यास में अभिव्यक्त हुई हैं जिसका नाम है 'मुझे चाँद चाहिए'।''[3]

स्त्री-आकांक्षा और संस्थान की टकराहट का पहला संकेत उपन्यास में तब मिलता है, जब शाहजहाँपुर के अभाव-जर्जर, पुरातन पंथी ब्राह्मण परिवार में जन्मी और पली-बढ़ी यशोदा शर्मा उर्फ सिलबिल अपना नाम बदलकर वर्षा वशिष्ठ रख लेती है। यहाँ नाम बदलना एक सांकेतिक घटना मात्रा है, जो निम्न मध्यवर्गीय परिवार में पली-बढ़ी बालिका की महत्त्वकांक्षा को उद्घाटित करती है। नाम बदलने की यह सामान्य-सी दिखने वाली घटना परिवार में काफ़ी उथल-पुथल पैदा कर देती है क्योंकि जिस पारिवारिक ढाँचे में स्त्री की स्वतन्त्र इच्छा का कोई अर्थ ही नहीं हो, वहाँ एक लड़की अपनी आकांक्षा को इतनी सहजता से

प्रकट कर दे तो वह घटना उत्तेजना पैदा करेगी ही। यह छोटी-सी घटना पुरानी पीढ़ी और नयी पीढ़ी की मान्यताओं के अन्तर को और उनकी मानसिक बनावट को स्पष्ट कर देती है। पिता श्री किशनदास शर्मा के लिए जहाँ नाम से जाति का स्पष्ट बोध आवश्यक है, वहाँ वर्षा वशिष्ठ के लिए नाम में नवीनता और सौन्दर्य-बोध का तत्त्व प्रमुख है। इस सन्दर्भ में पिता और पुत्री के संवाद को उद्धृत करना प्रासंगिक होगा :

"तुमने अपना नाम बदल लिया है?

सिलबिल ने अपराध-भाव से नीचे नहीं देखा। वह पूर्ववत सामने देखती रही।

हाँ। उसका स्वर स्थिर था।

काहे?

तुम्हारे नाम में क्या खराबी है? पिता ने कड़वे स्वर में पूछा।

अब हर तीसरे-चौथे के नाम में शर्मा लगा होता है। मेरे ही क्लास में सात शर्मा हैं।...और यशोदा, घिसा-पिटा दकियानूसी नाम। उन्होंने किया क्या था? सिवा क्रिश्न को पालने के? सिलबिल ने पिता की ओर देखते हुए पल भर का विराम दिया, फिर उपसंहार कर दिया, "यशोदा शर्मा नाम में कोई सुन्दरता नहीं"।[4]

बचपन से ही अपनी ज़िन्दगी को लेकर वर्षा के मन में अनेक तरह के सपने हैं। लकिन अपनी निर्धनता से वह भलीभाँति परिचित है, जो हर तरह के सपनों और आकांक्षाओं का गला घोंट देती है। आकांक्षा और विवशता का यह द्वन्द्व उसके द्वारा लिखे गये निबन्ध में पूरी तरह स्पष्ट हो जाता है। "मैं आगे क्या बनना चाहता / चाहती हूँ" विषय पर लिखते हुए जहाँ अधिकांश छात्र पधानमन्त्री, टाटा और रविशंकर बनना चाहते हैं वहीं वर्षा वशिष्ठ की महत्त्वाकांक्षा यह है कि कोई मामूली-सा क्लर्क उसे पति के रूप में मिल जाये। यहाँ वर्षा निम्न-मध्यवर्गीय भारतीय व्यक्ति का प्रतिनिधि बन जाती है, जिसकी इच्छा बहुत सामान्य होती है, लेकिन उन सामान्य इच्छाओं की पूर्ति भी नहीं हो पाती है। आकांक्षा और विवशता का यह द्वन्द्व रचनाकार ने बहुत संवेदनशील ढंग से वर्षा के माध्यम से अभिव्यक्त किया है–

"मेरा बस चले, तो मैं आकाश की दहलीज पर बनी सात रंगों की इन्दधनुषी अल्पना बनूँ, आश्रम में शकुन्तला की प्रिय 'वन ज्योत्स्ना' सखी बनूँ, चन्द्रमा को देखकर खिल जाने वाली कुमुदिनी बनूँ, पर जो अपने प्रदेश के अनुरूप (इतना कायर हूँ कि उत्तर प्रदेश हूँ) दबी-सकुची मध्यवर्गीय कन्या है, उसकी महत्त्वाकांक्षा

की अन्तिम सीमा यही हो सकती है कोई लोअर-डिवीजन क्लर्क उसके हाथों से वरमाला स्वीकार कर ले और मामूली दहेज के बावजूद ससुराल के रसोईघर में उसके साथ कोई दुर्घटना न हो...।"[5]

वर्षा वशिष्ठ की पहली इच्छा स्वावलम्बी होने की है। परिवार की निर्धनता और अभावग्रस्त जीवन-पद्धति से वह परिचित है, इसीलिए ट्यूशन के माध्यम से अपने अभाव की पूर्ति करना चाहती है। परम्परागत संस्कार यहाँ फिर आड़े आता है। आर्थिक रूप से विपन्न होते हुए भी पिता लड़की का ट्यूशन पढ़ाना सामाजिक मर्यादा के विरुद्ध मानते हैं जबकि वर्षा इसके माध्यम से परिवार की विपन्नता को कम करना चाहती है। सामाजिक मर्यादा का भय मध्यवर्गीय व्यक्ति को सबसे अधिक यातना देता है। पिता उस मध्यवर्गीय व्यक्ति का प्रतिनिधित्व करते हैं जो निर्धनता और अभाव को स्वीकार कर सकता है, लेकिन सामाजिक मर्यादा का उल्लंघन नहीं कर सकता। लेकिन वर्षा की मान्यता इसके बिल्कुल विपरीत है और वह उन सामाजिक मर्यादाओं को अर्थहीन मानती है जो वयक्ति को किसी प्रकार का सुख तो नहीं दे सके, लेकिन उसके विकास को अवरूद्ध करता रहे। पिता और पुत्री का इस मुद्दे पर संवाद पुरानी और नयी पीढ़ी की मानसिकता के अन्तर को स्पष्ट कर देता है। यहाँ वर्षा उस आधुनिक भारतीय नारी का प्रतीक बना जाती है जो सामाजिक मर्यादा को उतना महत्त्व नहीं देती, जितना व्यक्तिगत सुख को :

"लोग क्या कहेंगे?" यह एक असमर्थ पिता की कातर पुकार थी, जो थोड़ी लुंज-पुंज होने के बावजूद बेटी के सामने खड़ा होने की कोशिश कर रहा था।... अगर बच्चे न होते, तो वह कह देती, मैंने दो महीने से फीस नहीं दी है। लोग उसका बन्दोबस्त कर देंगे? पर इतना ही कहा : यह ऐसी बात नहीं, जिसका लोगों से कोई सरोकार हो।"

थोड़ी चुप्पी के बाद पिता गहरी साँस लेकर बोले—"फिर भी यह अकरणीय है।"

...उनका बस चलता तो सयानी लड़की के लिए साँस लेने के अलावा सब कुछ अकरणीय होता।"[6]

निम्नमध्यवर्गीय व्यक्ति के जीवन में आर्थिक उपलब्धियाँ कितनी महत्त्वपूर्ण होती है, इस बात का अन्दाजा तब होता है जब वर्षा को अपनी पहली फीस मिलती है। बहुत व्यग्रता और उत्कंठा से वह उस दिन का इन्तजार करती है, और जब उसे रुपये मिलते हैं, तो वह भावविभोर हो जाती है।

बड़ी देर तक वह नये कलफ किये हुए नोटों को देखती रहती है, फिर उन्हें छूती है और कागज व छपाई की गन्ध अपने नाक में भर लेती है। रुपये पाने के बाद वह खुशी से छलकती रहती है जैसे उसने जीवन में बहुत महत्त्वपूर्ण वस्तु अर्जित कर ली हो। यह खुशी और भावुकता उस निम्नवर्गीय व्यक्ति की है, जो जीवन में पहली बार कुछ अर्जित कर रहा है। कुछ अर्जित करने का भाव, कुछ निर्मित करने की आकांक्षा व्यक्ति को बहुत सुख और सन्तोष प्रदान करती है, क्योंकि इसके माध्यम से उसका ''अहं'' सन्तुष्ट होता है।

आर्थिक स्वाधीनता का सवाल स्वातन्त्र्योत्तर भारतीय स्त्रियों का सबसे अहम सवाल रहा है। वर्षा वशिष्ठ भी चाहती है कि वह आर्थिक रूप से स्वाधीन हो, लेकिन इसके लिए उसके पास कोई स्पष्ट दिशा नहीं है। इसीलिए बी.ए. करने के बाद उसके सामने एक औसत भारतीय युवा की तरह यक्ष-प्रश्न सामने आ जाता है–''मेरा मतलब क्या बनेगा?'' सिलबिल को यह सवाल बार-बार परेशान करता रहता है। यद्यपि ऊपर से देखने पर यह प्रश्न अस्तित्ववादी किस्म का लगता है, लेकिन अस्तित्व की इस चिन्ता के पीछे मूल कारण आर्थिक अनिश्चितता ही है। जहाँ परिवार के अन्य लोग–पिता, भाई, भाभी, माँ, बहन आदि चाहते हैं कि वह विवाह करके गृहस्थ धर्म का पालन करे, वहाँ वर्षा की प्राथमिकता ''आर्थिक स्वालम्बन'' है :

''आयु के जिस मोड़ पर मैं खड़ी हूँ, उसमें शादी मुझे उतने महत्त्व की नहीं लगती, जितना अपने पाँवों पर खड़ा होना लगता है।''

''यह तुम क्या कह रही हो? वंश की एक परम्परा होती है। उसके खिलाफ–आदमी कैसे जा सकता है?''

''अगर चारा न हो, तो जाना ही होगा।''[7]

आर्थिक तंगी के कारण उसका परिवार जिस बदहाली और यन्त्रणा से गुजर रहा है, इससे वह भलीभाँति परिचित है। अर्थ का ज़िन्दगी में कितना महत्त्व है, इस बात का पता वर्षा को तब चलता है, जब धनाभाव के कारण परिवार में किसी को भरपेट भोजन नहीं मिल पाता, बड़ी बहन गायत्री का विवाह नहीं हो पाता और परिवार के सदस्यों की न्यूनतम आवश्यकता की पूर्ति भी नहीं हो पाती है। परिवार की इस आर्थिक विपन्नता के लिए वह पिता को ज़िम्मेदार मानती है :

''आत्मपीड़न और संत्रास की यही प्रक्रिया थी, जो वर्षा को बहन का अन्तरंग बना गयी। गायित्री धीरे-धीरे जैसे चुप्पी और अपराधी बन गयी थी, उससे वर्षा मन-ही-मन द्रवित होने लगी। जब जिज्जी एक बासी रोटी और थोड़ा सा चावल खाकर सन्तुष्टि दिखाते हुए उठ जाती, तो वर्षा के अन्दर गुस्सा उफ़ान लेने

लगता और उसका केन्द्र बनते पिता। जब सामर्थ्य नहीं थी तो ताबड़तोड़ बच्चे क्यों पैदा किये? परिवार का नियोजन क्यों नहीं किया? इतने तो तरीक़े हैं! क्यों सुअर की तरह इतने पिल्ले पैदा करके कीचड़ में लोटने के लिए छोड़ दिये?"[8]

यहाँ पिता के प्रति वर्षा का आक्रोश यद्यपि तर्कसंगत नहीं है क्योंकि आर्थिक विपन्नता की स्थिति से प्रत्येक निम्नमध्यवर्गीय भारतीय व्यक्ति को गुजरना पड़ता है, लेकिन यह आक्रोश इस बात को तो स्पष्ट कर ही देता है कि आर्थिक समृद्धि और सुख की चाह उसके मन में कितनी तीव्र है। इसीलिए जब "अभिशप्त सौम्यमुद्रा" नामक नाटक में उसे राजकुमारी सौम्यामुद्रा का अभिनय करने को मिल जाता है, तो वह खुशी से भर उठती है क्योंकि अस्थायी रूप से सही, लेकिन एक राजकुमारी के रूप में वह अपने वास्तविक अभावों की पूर्ति कर लेती है। कल्पना और सपना एक सामान्य मनुष्य को जीवित रखने के लिए कितने महत्त्वपूर्ण होते हैं, यह बात इस घटना से स्पष्ट हो जाती है। स्त्री-आकांक्षा के इस रूप को रचनाकार ने बड़े प्रामाणिक ढंग से व्यक्त किया है :

"वर्षा पर क्यों नाटक इस तरह छा गया, इसकी थोड़ी छानबीन की जा सकती है। उसके लिए यह कटु यथार्थ से मखमली पलायन था। था तो अस्थायी जैसे पलायन होते हैं, पर उतनी ही देर में उसके लिए मन की शान्ति और सन्तोष के नये क्षितिज खोलता था। इसके निमित्त से उसके वास्तविक अभाव पूरे हो रहे थे और उसे कल्पना से परे का सुख मिल रहा था। वह राजमहल की इकलौती सन्तान थी। उसकी हँसी पर मोती की लड़ियाँ न्यौछावर की जाती थीं। वह अपने पिता की जीवन की धुरी थी। उसकी उदासी पूरी राजधानी की चिन्ता का विषय बन जाती थी। बदरंग और अभावों से जर्जर 54, सुलतान गंज की उपेक्षित विपन्न सिलबिल अपने माध्यम से रेशम तथा स्वर्णाभूषणों से सुसज्जित लावण्यमयी, सुसंस्कृत राजकुमारी को रूपाकार दे रही थी।...क्या यही जीवन की सुन्दरता है, हल्के रोमांच के साथ उसने सोचा।"[9]

आर्थिक, भौतिक और सांस्कृतिक समृद्धि की इच्छा स्वातन्त्रयोत्तर भारतीय स्त्रियों की मुख्य आकांक्षा रही है। वर्षा के मन में भी आर्थिक, भौतिक और सांस्कृतिक सम्पन्नता की चाह बराबर बनी रहती है। अपने घर को लेकर वर्षा की जो कल्पना है, उसमें स्त्री आकांक्षा का यह रूप मुखर हो उठता है :

"मेरा छोटा-सा घर होगा। बहुत सुन्दर और बहुत शान्त।...बाहर बड़ा लॉन होगा, जहाँ बीच-बीच में कुरूबक, शिरीष और मल्लिका की क्यारियाँ होंगी। किनारों पर मौलिश्री, कंदब और अशोक के पेड़ होंगे। बीचोंबीच माधवी से छाया

हुआ लता-मंडप होगा। ...एक ओर हौज में मछलियाँ किलोलें करेंगी। घास पर दीर्घापांग नामक हिरण उछलकूद मचायेगा। ...आम के पेड़ से लटकते झूले, जहाँ मैं सुबह की चाय पीऊँगी। ...सफेद रंग की ड्राइंगरूम, जिसकी बाहरी दीवार काँच की होगी। ऊपर बिल्लौरी लडियों का मुक्तालाप। दरवाज़े पर अल्पना। ...सामने की दीवार के सहारे खड़ा चमकता दीपदान...बायीं दीवार पर साउंड सिम्टम। धीमे सुरों में सितार की रागिनी। बीचों बीच सफेद मखमल मढ़े तीन सोफे। दायीं ओर पीढ़ों के साथ छोटी मेज। पीछे मदिरा प्रकोष्ठ। कोने में सफेद फोन, जिसकी घंटी जलतरंग सी बजेगी।''[10]

ऐसा लगता है, जैसे सामंतवादी मनोवृत्ति का कोई व्यक्ति मोहक सपना देख रहा है। आर्थिक और भौतिक समृद्धि की यह दुर्निवार आकांक्षा वर्षा को शाहजहाँपुर से दिल्ली और दिल्ली से बम्बई तक की यात्रा करवाती है, जहाँ वह व्यावसायिक सिनेमा में शीर्ष पर प्रतिष्ठित होती है और अपनी इस आकांक्षा को अपने निवास (101, सिल्वर सेंड) के द्वारा मूर्तिमान करती है।

आर्थिक स्वाधीनता की चाह तो वर्षा को है ही, लेकिन उसकी सबसे बड़ी चाह कला से जुड़ी है जिसके कारण वह शहजहाँपुर से लखनऊ, लखनऊ से दिल्ली और दिल्ली से बम्बई तक की यात्रा करती है और अन्त में व्यावसायिक सिनेमा में शीर्ष पर प्रतिष्ठित होकर अपनी कलात्मकता के प्रतिमान स्थापित करती है। इस कलात्मक महत्त्वाकांक्षा के कारण उसे ज़िन्दगी भर विभिन्न प्रकार के संस्थानों से टकराना पड़ता है; कई प्रकार के विरोधों का सामना करना पड़ता है और कई प्रकार के समाझौते को स्वीकार करना पड़ता है। कलात्मक ऊँचाइयों को छूने और नये मानदंड स्थापित करने की इस दुर्निवार आकांक्षा के कारण वह पुरातनपन्थी संस्कारों से ग्रस्त अपने परिवार के तीखे विरोध से लहूलुहान होती है, मंडी हाऊस में आकर अपने मित्रों के इर्ष्या और द्वेष को झेलती है, सर्वाधिक प्रिय व्यक्ति अपने प्रेमी हर्ष की प्रतियोगिता का सामना करती है, सस्ती किस्म की व्यावहारिक पत्राकारिता के लांछन और प्रहार को सहती है, कलात्मक मूल्यों और प्रतिबद्धताओं के स्थान पर व्यावसायिक सिनेमा की सस्ती भावुकता और रूग्ण रूमानियत से रू-ब-रू होती है ओर अन्त में भावनात्मक अकेलेपन का शिकार होती है। केवल वर्षा वशिष्ठ ही नहीं रीटा, शिवानी, ममता, अर्चना, चतुर्भुज, हर्ष आदि ऐसे तमाम पात्र हैं जो अपनी कलात्मक महत्त्वाकांक्षा के कारण विभिन्न प्रकार के संस्थानों से टकराते हैं और कई बार टकराने की इस प्रक्रिया में क्षत-विक्षत होकर समाप्त भी हो जाते हैं। वस्तुतः यह उपन्यास व्यक्ति

और कलाकार, व्यक्ति और परिवेश, व्यक्ति और परिवार, व्यक्ति और समाज अर्थात् व्यक्ति और संस्थान के बीच चलने वाले सनातन द्वन्द्व का आख्यान है। कलात्मकता के शीर्ष पर प्रतिष्ठित होने की इस दुर्दमनीय आकांक्षा के कारण ही वर्षा अकेले रहने के लिए अभिशप्त हो जाती है। इस सन्दर्भ में भारत भारद्वाज की मान्यता असहमति के कई नुक्तों के बावजूद काफ़ी सही जान पड़ती है :

''कस्बाई शहर शाहजहाँपुर के निम्न मध्यवर्गीय ब्राह्मण परिवार में जन्मी वर्षा वशिष्ठ (सिलबिल उर्फ़ यशोदा शर्मा) के कलात्मक अभिव्यक्ति की महत्त्वाकांक्षा उसे कस्बाई शहर की संकीर्ण मानसिकता से निकालकर महानगर दिल्ली के ''नेशनल स्कूल ऑफ़ ड्रामा'' तक ही नहीं लाती, बल्कि यही आकांक्षा उसे बम्बई के कला फ़िल्म जगत तक खींच ले जाती है। लेकिन उसके लिए कला-रंगमंच तक पहुँचने का रास्ता कभी आसान नहीं रहा। एक ओर वह पुरातनपन्थी संस्कारग्रस्त परिवार के तीखे विरोध से लहूलुहान होती है तो दूसरी ओर आत्मसंशय, लोकोपवाद और अपनी रचनात्मक प्रतिभा को माँजने वाली दुरूह, काली, प्रतिभा से क्षत-विक्षत। लेकिन न वह कभी पीछे मुड़कर देखती है और न उसकी कलात्मक आस्था ही कभी डिगती है। वस्तुतः यह कथा-कृति व्यक्ति और उसके कलाकार, परिवार, सहयोगियों एवं परिवेश के बीच चलने वाले सनातन द्वन्द्व की और कला तथा जीवन के पैने संघर्ष व अन्तर्विरोध की महागाथा है।''[11]

यहाँ आलोचक के इस मंतव्य से सहमत होना कठिन है कि ''उसके लिए कला-रंगमंच तक पहुँचने का रास्ता कभी आसान नहीं रहा।'' शाहजहाँपुर से लेकर दिल्ली के ''राष्ट्रीय नाट्य विद्यालय'' तक तो वर्षा वशिष्ठ संघर्ष करती नज़र आती है, लेकिन उसके बाद सारा संघर्ष काफूर हो जाता है और व्यावसायिक हिन्दी फ़िल्मों के नायकों की तर्ज़ पर सफलता उसके क़दम चूमने लगती है। वह न सिर्फ़ बम्बई की चित्रनगरी और व्यावसायिक सिनेमा में उच्चतम स्थान पर प्रतिष्ठित हो जाती है, बल्कि बम्बई से होते हुए वह हॉलीवुड के सिनेमा तक में अपनी धाक जमा लेती है, संगीत नाटक अकादमी का पुरस्कार जीत लेती है और पद्मश्री से भी सुशोभित हो जाती है। आज की इस चरम व्यावसायिकता और अन्धाधुन्ध प्रतियोगिता के दौर में यह मध्यकालीन चमत्कारवाद से कम नहीं है। इस सन्दर्भ में ''टाईम्स ऑफ़ इंडिया'' में छपा जूही चावला का साक्षात्कार उल्लेखनीय है जिसमें उन्होंने स्पष्ट शब्दों में स्वीकार किया है कि हिन्दी फ़िल्मों में आगे बढ़ने के लिए बिस्तर का सहारा लेना पड़ता है। जहाँ औरतों के शोषण का आलम यह हो, व्यावसायिकता और उपभोक्तावाद का गहरा दबाव हो, गलाकाट प्रतियोगिता

हो, वहाँ एक स्त्री बिना किसी संघर्ष के या बहुत मामूली संघर्ष करते हुए सफलता प्राप्त करती चली जाये तो इसे बहुत तर्कसंगत और विश्वसनीय नहीं कहा जा सकता है। दरअसल यह "चमत्कारवाद" ही इस उपन्यास की सबसे बड़ी कमजोरी है और इसी कारण कई लोगों को यह उपन्यास स्त्री-आकांक्षा और संस्थान का द्वन्द्व नहीं लगता, बल्कि स्त्री की सफलता का उपन्यास प्रतीत होता है। लेकिन यह सारा चमत्कारवाद उपन्यास के उत्तरार्द्ध में है, जब वर्षा बम्बई प्रस्थान करती है। शाहजहाँपुर से लेकर दिल्ली के "राष्ट्रीय नाट्य विद्यालय" तक की वर्षा की यात्रा व्यक्ति और कलाकार, व्यक्ति और परिवेश, व्यक्ति और परिवार के द्वन्द्व को प्रामाणिक रूप से व्यक्त करता है। अपनी कलात्मक आकांक्षा के कारण वह संस्थान के जिस रूप का सामना सबसे पहले करती है—वह है "परिवार"। पुरातनपन्थी मान्यताओं से ग्रस्त उसका परिवार—उसके पिता, माँ, बड़े भाई, बड़ी बहन, बहनोई आदि सभी उसकी रचनात्मक महत्त्वाकांक्षा को समझने में असमर्थ हैं और इनके तीखे विरोध का सामना उसे करना पड़ता है। इस विरोध की शुरुआत तब होती है जब वर्षा अपने कॉलेज के दिनों में "अभिशप्त सौम्यमुद्रा" नामक नाटक में अभिनय करने का निर्णय लेती है। परिपाटीग्रस्त पिता श्री किशनदास शर्मा के लिए लड़की का नाटक में भाग लेना सामाजिक आचरण और नैतिकता का उल्लंघन है, जबकि वर्षा के लिए अभिनय जीवन का अनिवार्य हिस्सा है। इस सन्दर्भ में पिता और पुत्री का संवाद परिवार बनाम कलात्मक प्रतिबद्धता के द्वन्द्व को स्पष्ट करता है :

"सिलबिल...यह मैं क्या सुन रहा हूँ?

..."तू नौटंकी में काम कर रही है? कान खेलकर सुन ले, हर बात की हद होती है। आखिर हमारे घर की भी कोई इज्जत है!

..."यह नौटंकी नहीं क्लासिकल ड्रामा है और उसमें ऐसे घरों की लड़कियाँ काम कर रही हैं, जिनकी इज़्ज़त हमारे घर से ज़्यादा ही है, कम नहीं।"

पिता पल भर को सकपकाये, फिर आक्रामक हो गये, "मुझे सिर्फ़ अपने घर से मतलब है। तेरे साथ लड़के भी काम कर रहे हैं। एक के साथ तू नाचती और गाना गाती है। कल के दिन कुछ ऊँच-नीच हो गया, तो हमें मुँह छिपाने को जगह नहीं मिलेगी।...लड़की की लाज मिट्टी का सकोरा होता है।"[12]

अन्ततः कॉलेज की प्रिसिंपल दिव्या कात्याल के काफ़ी समझाने-बुझाने के बाद ही पिता उसे नाटक में अभिनय करने की इजाजत देते हैं वह भी काफ़ी बेमन से।

अभिनय के प्रति इस अटूट लगाव के कारण उसे पिता और भाई की मार भी सहनी पड़ती है। दिव्या के निमन्त्रण पर वह नाटक में अभिनय करने के लिए लखनऊ जाना चाहती है, लेकिन परिवार का एकमत है कि वर्षा के चौखट लाँघने का अर्थ होगा—उसकी सभी तरह के बन्धनों से मुक्ति और अबाध स्वतन्त्रता की स्वीकृति। स्त्री की स्वतन्त्रता की स्वीकृति औसत भारतीय परिवार में आज भी बहुत आसान नहीं है, फिर अगर परिवार पारम्परिक मानसिकता वाला हो, तब तो कहना ही क्या है? वर्षा लखनऊ जाने के लिए प्रतिबद्ध है तो उसका परिवार उसे न जाने देने के लिए अड़ा हुआ है, लेकिन शारीरिक प्रहार झेलकर भी वर्षा रूकती नहीं है, वह चली जाती है :

"सिलबिल, साँकल को हाथ लगाया, तो मुझसे बुरा कोई न होगा।"

"मुझे जाना है।" सिलबिल का स्वर स्थिर था।

"बहुत जोम चढ़ गया है तुझ पर..."

...इतने दिनों से घूँट-घूँट अपना आक्रोश पीते आ रहे पिता का थप्पड़ बहुत तीखा था। आघात से सिलबिल का मुँह तिरछा हो गया...हत्था छूट जाने से सूटकेस नीचे लुढ़क पड़ा...सिलबिल को अपनी कनपटी पर सुलगती झन्नाहट महसूस हुई...उसने पिता को आग्नेय दृष्टि से देखा, जिसमें चुनौती का धिक्कार था...वह फिर सूटकेस के लिए झुकी और पिता का हाथ फिर ऊपर लहराया... ।...दूसरे तमाचे के बाद सिलबिल की आँखों में आँसू आ गये। पर वह रोयी नहीं।...पहले के सख्त भाव के साथ एक क़दम बढ़कर उसने साँकल खोल ली।

"अगर तूने बाहर पाँव रखा, तो फिर घर में नहीं घुस सकती... ।"[13]

न केवल पिता की, बल्कि बड़े भाई की भर्त्सना और मारपीट का सामना भी सिलबिल को कई बार करना पड़ता है। परिवार में केवल दो व्यक्तियों की सहानुभूति उसे मिलती है—छोटा भाई किशोर और छोटी बहन झल्ली। परिवार के शेष सदस्य माँ, बड़ी बहन, भाभी, बहनोई आदि भी शाब्दिक भर्त्सना और यातना में पीछे नहीं रहते। राष्ट्रीय नाट्य विद्यालय के साक्षात्कार के लिए वर्षा जब जाना चाहती है, तो बड़े भाई महादेव उसे स्नानघर में बन्द कर देते हैं। सहगल दम्पत्ति के मुखर हस्तक्षेप के बाद ही वर्षा राष्ट्रीय नाट्य विद्यालय में साक्षात्कार देने के लिए पहुँच पाती है। पारिवारिक विरोध तथा कलात्मक प्रतिबद्धता का यह द्वन्द्व चैख़व के प्रसिद्ध नाटक "सीगल" की पात्र "नीना" की याद दिलाता है, जो पिता और परिवार के मुखर विरोध के बावजूद अपनी कलात्मक निष्ठा से विचलित नहीं होती। यहाँ नीना और वर्षा के चरित्र में

आश्चर्यजनक समानता दिखाई पड़ती है। यह सिर्फ़ संयोग नहीं है कि सुरेन्द्र वर्मा ने भी "मुझे चाँद चाहिए" में "सीगल" के अनेक संवादों विशेषकर नीना के संवादों का हवाला दिया है। त्रिगोरिन के साथ नीना का यह संवाद उसकी कलात्मक निष्ठा का स्पष्ट संकेत देता है :

"एक लेखक या कलाकार को जो आनन्द प्राप्त है, उसे पाने के लिए मैं गरीबी, निराशा, अपने चारों ओर की घृणा सभी कुछ बरदाशत करने के लिए तैयार हूँ। मैं उसके लिए मचान पर रह लूँगी और केवल ज्वार-बाजरे की बनी रोटियों पर गुज़र कर लूँगी।...लेकिन बदले में मैं सिर्फ़ एक चीज़ चाहती हूँ—वह है यश! दिगदिगंत में गूँजता-मँडराता यश!"[14]

कलाकर्म के प्रति यही निष्ठा, जो दीवानगी की हद तक पहुँच चुकी है, और यश पाने की ऐसी ही आकांक्षा वर्षा वशिष्ठ के मन में भी है। अपनी इस निष्ठा के कारण वह "विवाह" के लिए आने वाले प्रत्येक रिश्ते को अस्वीकार कर देती है और पूरी तन्मयता से नाटकीय चरित्रों को मूर्तिमान करने में लग जाती है चाहे वह "अपने-अपने नर्क" में "शान्या" का चरित्र हो, "सीगल" में नीना या "विषकन्या" में "लवंगलता" का चरित्र हो। "अभिनय" वर्षा के लिए जीवन की धुरी है, वह धुरी जो उसे सार्थकता प्रदान करती है। अपने बहन-बहनोई के साथ वर्षा का यह संवाद उसके कलात्मक लगाव को बड़े संवेदनशील ढंग से अभिव्यक्त करता है :

"ड्रामा-स्कूल के प्रति तुम्हारा जो मोह है, हम सचमुच उसे समझने में असमर्थ हैं।" वह हल्की मुस्कान से बोले।

"ऐसा हो जाता है" सिलबिल ने काफ़ी ऊँचाई से हामी भरी, "क्योंकि हम लोग एक-दूसरे की ज़िन्दगी जीने में समर्थ नहीं।"

"मैं सचमुच नहीं समझ पा रहा हूँ कि तुम ड्रामा-स्कूल क्यों नहीं छोड़ सकती?"

"जिस तरह आप अपना घर-परिवार नहीं छोड़ सकते—क्योंकि वह आपकी ज़िन्दगी की धुरी है।"

...

"इन दोनों स्थितियों की तुलना कैसे हो सकती है?" जीजाजी ने आश्चर्य से पूछा।

"जिस तरह आपका घर आपकी ज़िन्दगी को सार्थकता देता है, उसी तरह रंगमंच मेरी ज़िन्दगी में ऐसा अर्थ भरता है, जिससे मैं ज़िन्दा रह सकूँ।"

"अगर तुमसे यह निगोड़ा स्कूल छुड़वा दिया जाये, तो तुम मर जाओगी?"

जिज्जी ने अन्तिम निर्णय के ऐसे स्वर में पूछा, जैसे पागलखाने के लिए उसकी पात्रता तय की जा रही हो।

सिलबिल ने सहमति में सिह हिला दिया।[15]

कलाकर्म के प्रति अपने भावनात्मक लगाव और परिवार के प्रति अपने कर्तव्य का द्वन्द्व (भावना और कर्त्तव्य का द्वन्द्व) वर्षा की ज़िन्दगी में बराबर बना रहता है। व्यावसाथिक सिनेमा में शीर्ष पर प्रतिष्ठित होने के बावजूद उसके मन में परिवार का मोह बना रहता है। यह मोह एक औसत भारतीय स्त्री का मोह है, जो तमाम सफलता के बावजूद परिवार के लोगों से अपने कार्यों की स्वीकृति चाहती है। इसी मोह के कारण वह अपने छोटे भाई किशोर को तकनीकी कोर्स करने के लिए सौ रुपये महीना भेजती है, पिता को मासिक रुपये भेजती है, अपनी छोटी बहन झल्ली के विवाह का सारा ख़र्च वहन करती है। इसके बावजूद "पंकज विष्ट" की मान्यता है कि वह अपने परिवार वालों से घृणा करती है। लेकिन अपनी मान्यताओं और आकांक्षाओं के लिए संघर्ष करना घृणा करना नहीं है। इतना अवश्य है कि यदि वह परिवार के प्रति लगाव रखती है, तो परिवार के लोगों से भी अपेक्षा करती है कि वे उसकी कलात्मक प्रतिबद्धताओं और भावनाओं का सम्मान करें। बम्बई के अभिनेता-अभिनेत्रियों की संस्कृति के तर्ज़ पर वह भी कुत्ता पालती है और शराब पीती है। वह सोचती है कि परिवार के लोग इसकी भी स्वीकृति दे दें, लेकिन वेदपाठी ब्राह्मण परिवार इन बातों की स्वीकृति कैसे दे सकता है? इस सन्दर्भ में सिलबिल और उसके पिता का संवाद दो पीढ़ियों के अन्तर को रेखांकित करता है, यद्यपि पिता की मान्यता पारम्परिक होते हुए भी अधिक तर्कसंगत है। एक ओर पिता श्वान और शराब के खिलाफ हैं तो वर्षा इन चीज़ों की हिमायती। हालाँकि पिता के विरोध के कारण वह श्वान को अपने घर से हटा देती है, लेकिन मदिरापान को लेकर उनसे बहस करती है :

"सिलबिल, तुम मदिरापान भी करती हो," पिता ने पूछा।

...

"शुरुआत जिज्ञासा व एडवेंचर से हुई थी।" वर्षा धीमे स्वर के साथ कठघरे में दाखिल हो गयी।

"यह ज़िन्दगी की कोई पहेली है, जिसके लिए जिज्ञासा हो?" पिता कुछ झुँझलाहट से बोले—"संसार का नैसर्गिक चक्र कैसे चलता है, मृत्यु के बाद आदमी कहाँ जाता है, यह जिज्ञासा है। हिमालय पर चढ़ने की कोशिश करना, साइकिल पर दुनिया का भ्रमण करना—यह एडवेंचर है। अपने घर में बैठकर पीने में कौन सा एडवेंचर है?"

"...मैं ग़लत कह गयी। दरअसल एक प्रमुख कारण अनुभव की माँग थी।"

वाङ्मय में मैंने कहीं नहीं पढ़ा कि किसी ने अनुभव के लिए भी कुकर्म किये हों।" पिता स्तब्ध रह गये—"वाल्मीकि ने अनुभव के लिए डाके नहीं डाले, न वसंत सेना अनुभव के लिए नगरवधु बनी।"

"मेरे काम में कल्पना और अन्तर्दृष्टि भी मदद करती है। पर पहले भावतन्त्र को अनुभवसम्पन्न होना चाहिए। शाहजहाँपुर में मेरे अनुभव का दायरा सीमित था। उनका विस्तार करना मुझे ज़रूरी लगा।"

"...यह वंश की परम्परा के अनुकूल नहीं।" पिता ने कहा—"अपनी सात पीढ़ियों में किसी पुरुष ने भी मदिरा को हाथ नहीं लगाया होगा—स्त्री की तो बात ही छोड़ो।"

"...परिवार की सात पीढ़ियों में किसी स्त्री ने काम नहीं किया, पर मैं कर रही हूँ।"[16]

यहाँ सिलबिल उस आधुनिक भारतीय नारी का प्रतिनिधित्व करती है, जो अपनी मान्यताओं और महत्त्वकांक्षाओं को हर तरीक़े से उचित ठहराना चाहती है और अपनी अबाध स्वतन्त्रता में किसी का हस्तक्षेप स्वीकार नहीं करती है।

कलाकर्म आत्मरति का सिंहद्वार नहीं है, वह गहरे समर्पण एवं अनन्य निष्ठा की माँग करता है। रचनात्मक प्रतिबद्धता का निर्वाह करने में वर्षा को कई बार अपने व्यक्तिगत सुखों और आकांक्षाओं का बलिदान भी करना पड़ता है। वर्षा भी औसत भारतीय स्त्री की तरह घर बसाना चाहती है, पति के साथ भावनात्मक साझेदारी करना चाहती है, और माँ भी बनना चाहती है, लेकिन कलात्मक प्रतिबद्धता के कारण "अविवाहित मातृत्व" के अलावा बाकी सभी चीज़ों से उसे वंचित रहना पड़ता है और सम्पूर्ण ज़िन्दगी वह भावनात्मक अकेलेपन में जीने के लिए अभिशप्त रहती है। वर्षा और रीटा के संवाद से वर्षा के उस अकेलेपन और रिक्तता का पता चलता है, जिसे अनेक तरह की सफलताएँ भी पूरा नहीं कर पाती हैं। अधिकांश लोगों की मान्यता है कि वर्षा के जीवन में कोई कमी नहीं क्योंकि वह सफलता के हर मुकाम को हासिल करती है, लेकिन इस चमत्कारिक सफलता में भी गहरी असफलता निहित है। भौतिक और व्यावसायिक सफलता ज़िन्दगी को अर्थवान नहीं बनाती, आत्मिक सन्तोष और भावनात्मक साझेदारी उसके लिए आवश्यक है, जिससे वर्षा हमेशा वंचित रहती है। वह परिवार से विच्छिन्न हो जाती है—पिता, माँ, बड़े भाई, भाभी, बड़ी बहन, कोई भी उसके साथ नहीं है। सम्पन्नता और समृद्धि के आतंक से वह प्रेमी को खो देती है,

घर बसाने की उसकी चाह अपूर्ण रह जाती है और असमय अविवाहित मातृत्व को स्वीकार कर व्यावसायिक प्रतिष्ठा के शिखर से सन्यास ले लेती है। इस प्रकार की ज़िन्दगी तमाम समृद्धि और सफलता के बावजूद सुखद नहीं कही जा सकती है क्योंकि कुछ अपूर्णताएँ ऐसी होती हैं, जिनका कोई विकल्प नहीं होता। वर्षा के इस अकेलेपन और अपूर्णता का अहसास रीटा के साथ उसके इस संवाद में स्पष्ट रूप से किया जा सकता है :

"पुरस्कार बहुत हो गये रीटा।" वर्षा बिस्तर पर बैठ गयी, "अब मैं दाँत निकलने की उम्र के बारे में सीखना चाहती हूँ।"

अब रीटा भरी पूरी स्त्री दिखती थी–दाम्पत्य और वात्सल्य के सुख से छलछलाती इस गृहस्वामिनी की आँखों में मंडी हाऊस की युवा अभिनेत्री की बेसब्र महत्त्वाकांक्षा गुम हो गयी थी। वर्षा ने सोचा, जब मैं ***रिपोर्टरी के कला-कुंड में झुलस रही थी, फिर पेशेवर अनिश्चय एवं भावनात्मक अस्थिरता के बीच अरब सागर के ज्वार-भाटे में डूब उतरा रही थी, तब रीटा अपने स्थिर, सुव्यवस्थित घर संसार में पति की बाँह पर सिर रखे गहरी नींद सो रही थी, तोतली बोली और अबोध मुस्कान में दीप्त हो रही थी।***

...क्यों? जो कुछ तुम्हें मिला है, उससे ख़ुश नहीं हो? रीटा ने पूछा

"सिर्फ़ मन के एक स्तर पर और एक हद तक। तुम्हें अजीब सा लगेगा, अगर मैं कहूँ कि अब ख़ुशी की अवधारणा में मेरा विश्वास नहीं रहा।"

"...जब थियेटर में तुम्हें "ओवेशन" मिल रहा था, तो मुझे रोमांच हो गया। जब तुम प्रशंसकों से गुलदस्ते ले रही थीं, तो मुझे एन.एस.डी. हॉस्टल के दिन याद आ रहे थे। हम एक कमरे में थे, पर हमारी नियति बिल्कुल उल्टी निकली। उस एक पल सुकुमार मुझे दुश्मन से लगे।"

"उस एक पल में मैं तुम्हें देख पाती", वर्षा ने घूँट भरकर कहा–"तो कहती, रीटा, तुम बहुत सौभाग्यशाली हो। तुम्हारे भीतर सूनेपन की आँधी तो नहीं चल रही। "आवेशन" अमूर्त है। आधी रात के अँधेरे में डरावने सपने से नींद टूटे, तो उसके स्पर्श से सांत्वना नहीं पायी जा सकती है।"[17]

इस कलात्मक महत्त्वाकांक्षा के कारण जो चीज़ उसे सर्वाधिक कष्ट पहुँचाती है वह "हर्ष" के साथ उसकी टकराहट है क्योंकि "हर्ष" उसके जीवन की धुरी है, उसका चाँद है। अपने प्रियतम व्यक्ति के साथ संघर्ष हमेशा दुःखद होता है और वह इससे बचना भी चाहती है। लेकिन दोनों ही नाट्य विद्यालय के प्रतिभाशाली छात्र हैं और दोनों में सर्वश्रेष्ठ कलाकार बनने की महत्त्वाकांक्षा है;

इसके साथ हर्ष में उच्चवर्गीय व्यक्ति का अभिमान और आत्ममुग्धता भी है। इसलिए एक ही क्षेत्रा के इन दो व्यक्तियों में टकराहट अनिवार्य हो जाती है। इस सन्दर्भ में विश्वविख्यात रचनाकार ''कामू' के प्रसिद्ध नाटक ''कालिगुला'' का यह संवाद बहुत सार्थक प्रतीत होता है कि :

''कीरिया, क्या यह सम्भव है कि दो इन्सान जिनका कि मिज़ाज़ एक सा हो और अभिमान भी बराबर हो, ज़िन्दगी में कभी एक साथ बैठकर ईमानदारी से बात कर सकें? उनके बीच न कोई पूर्व धारणा हो, न कोई निजी स्वार्थ, न किसी तरह का कोई झूठ?''[18]

वर्षा और हर्ष विचार-पद्धति और बौद्धिक-पसन्द के स्तर पर काफ़ी अलग हैं। उच्चवगीय परिवार का सदस्य और वह भी पुरुष होने के कारण एक प्रकार का अहम्-बोध हर्ष के व्यक्तित्त्व में विद्यमान है, और वह बराबर वर्षा पर हावी होने की कोशिश करता है। वर्षा को हर्ष की सहानुभूति तभी तक मिलती है, जब तक वह सहमी सकुची हुई ग्रामीण लड़की है तथा अभिनेत्री के रूप में भी उसमें आत्मविश्वास का अभाव है। लेकिन ज्यों ही वह एक वयस्क अभिनेत्री के रूप में राष्टीय नाट्य विद्यालय में प्रतिष्ठित होती है और फिर बम्बई की कलात्मक और व्यावसायिक फ़िल्मों में सफलता प्राप्त करती है, हर्ष एक प्रकार की कुण्ठा का शिकार होता जाता है और अपने तर्कों से वर्षा के व्यक्तित्व को हीन साबित करने की कोशिश करता है। पुरुष प्रधान भारतीय समाज में पुरुष नारी को तभी तक प्रतिष्ठा देता है, जब तक कि वह उसे चुनौती देने की स्थिति में नहीं होती, लेकिन पुरुष के व्यक्तित्त्व के समानान्तर ज्यों ही स्त्री का स्वतन्त्र व्यक्तित्त्व उभरने लगता है, पुरुष और स्त्री के बीच तनाव शुरू हो जाता है। मोहन राकेश के प्रसिद्ध अपन्सास 'अन्धेरे बन्द कमरे' में ''नीलिमा'' और ''हरबंस'' का सम्बन्ध तथा प्रभा खेतान के उपन्यास 'छिन्नमस्ता' में ''प्रिया'' और ''नरेन्द्र'' का सम्बन्ध इसी तनावपूर्ण सम्बन्ध के उदाहरण हैं। इस रूप में पुरुष स्त्री-आकांक्षा की पूर्ति में उसी प्रकार की बाधा उपस्थित करता है, जिस प्रकार कि पारिवारिक सामाजिक एवं राजनीतिक, संस्थान उसके विकास में बाधा पहुँचाते हैं। हर्ष और वर्षा का सम्बन्ध भी ''प्रतियोगी'' के रूप में विकसित होने लगता है। उपन्यास में इस टकराहट के स्पष्ट संकेत हैं :

''बौद्धिक पसन्द में भी हर्ष की ज़िद चलती। वर्षा टैनेसी विलियम्स की प्रशंसा करती, तो वह आर्थर मिलर की श्रेष्ठता प्रतिपादित करने लगता। वर्षा जीवन में किसी धार्मिक, नैतिक धुरी की आवश्यकता रेखांकित करती,

तो हर्ष का प्रतिवाद होता, ''धर्म ज़िन्दगी की आँखों पर लगा रंगीन चश्मा है। वर्षा को ''एन अनमैरिड वुमैन'' फ़िल्म का अन्त भी सार्थक लगा और जिल क्लेबर्ग का अभिनय भी, तो हर्ष ने ''फेमिनिस्ट कैप'' और ''कुरूप भेड़'' कहकर दोनों बातें ख़ारिज कर दीं।''[19]

वर्षा यदि भारतीय नाटक और नाट्य दिद्धान्त की प्रशंसक है, तो हर्ष पश्चिमी नाटक और नाट्य-सिद्धान्त का हिमायती। इस बात को लेकर हर्ष और वर्षा में गम्भीर विवाद होता है :

''यह नाटक मुझे नापसन्द है। इस रोल से मुझे नफरत है। ''शाम को मंडी हाऊस के चायघर पर बड़ा सा घूँट लेकर हर्ष ने कड़ावाहट से कहा। वर्षा देखती रह गयी। उसकी ऐसी सख़्त प्रतिक्रिया उसने पहली बार देखी थी।

''नाटक में कैसा मोहक विजुअल पोयट्री है।'' वर्षा ने प्रतिवाद किया।

''वह तुम्हें मोहक इसलिए लगी, क्योंकि तुम्हारी भूमिका से उपजती है।''

''...हर्ष...'' वह आहत भाव से उसे देखती रह गयी।

''आई रियली हेट दिस संस्कृत शिट!'' हर्ष ने तीन-चार बड़े घूँटों में गिलास खाली कर दिया, ''अगर तथाकथित जड़ों की तलाश और पुनरुत्थान का तक़ाजा न हो, तो पूरे संस्कृत में एक नाटक नहीं, जो पश्चिम के मुक़ाबले खड़ा हो सके।''

''हर्ष तुम्हें क्या हो गया है? ''वर्षा के स्वर में उलझन थी और खेद की छाया।

''मुझे कुछ नहीं हुआ'' हर्ष ने कश खींचा, ''जब से इंडिया-टुडे में तुम्हारा राइटअप छपा है, तुम्हें कुछ हो गया है।''[20]

वर्षा के व्यक्तित्त्व को आक्रांत करने की हर्ष के प्रयास से वर्षा की भावना को काफ़ी ठेस पहुँचती है। ''हर्ष'' न केवल उसका प्रेमी है, बल्कि उसे लेकर वर्षा के मन में बहुत सारी आकांक्षाएँ और सपने हैं। लेकिन वही हर्ष जब अपने वक्तव्यों और क्रियाकलापों से वर्षा पर हावी होने की कोशिश करता है, तो वर्षा का आहत होना स्वाभाविक है। दरअसल वर्षा और हर्ष की टकराहट अपनी स्वाधीनता अस्मिता के लिए संघर्षरत स्त्री और अपने अधिकार भावना को अक्षुण्ण रखने के लिए प्रयासरत पुरुष के बीच की अनिवार्य टकराहट है। स्त्री और पुरुष के बीच महत्त्वाकांक्षाओं की यह टकराहट स्वातन्त्र्योत्तर भारतीय समाज में प्रायः देखने को मिलती है जिसे वर्षा अपने इस व्क्तव्य में स्पष्ट कर देती है :

''अगर प्रेमी-प्रेमिका एक ही कला-माध्यम से जुड़े हों, तो उनके बीच ऐसा तनाव अनिवार्य है? बस में लौटते हुए वर्षा ने सोचा, एक ही माध्यम की समानता पारस्परिक समझदारी बढ़ाती है, पर साथ ही उस क्षेत्रा को प्रतियोगिता-अखाड़े में बदल देती है। क्या उनमें इतनी वयस्कता नहीं आनी चाहिए कि वे प्रतियोगिता

को सही परिपार्श्व में रख सकें? यही हर्ष था, जो ''अपने-अपने नर्क'' में उसके प्रति कितना उदार था। सिफ़ इसलिए कि वह नौसिखिया थी? आज वह उसके साथ क़दम मिलाकर चल रही है तो हर्ष के अहं को ठेस पहुँच रही है?... अन्नपूर्णा अगर संगीत-सभाओं में सितार-वादन करतीं, तो क्या रविशंकर की प्रतिष्ठा को ठेस पहुँचती? उन्होंने अपनी कला को पर्दे में रखने का निर्णय क्यों लिया? ''शताब्दी के सर्वश्रेष्ठ अभिनेता'' औलीवियर का अपनी सक्षम अभिनेत्री पत्नी विवियन से विच्छेद क्यों हुआ? लिज़ और बर्टन के बीच सनातन द्वन्द्व क्यों चलता था? स्नेह ने बताया था कि दिल्ली के अन्तिम वर्ष में आदित्य और इरावती के बीच झड़पें होने लगी थीं। क्यों?''[21]

जब वर्षा फ़िल्मों में काम करने के लिए बम्बई जाना चाहती है, तो राष्ट्रीय नाट्य विद्यालय के उसके साथी इस कार्य को कला-माध्यम के प्रति विश्वासघात मानते हैं, जबकि वर्षा और उसकी सहेली अनुपमा की मान्यता है कि बेहतर भविष्य और बेहतर ''कैरियर'' के लिए स्त्रियों को भी पुरुषों की तरह दूसरे कला-माध्यम की चुनौती स्वीकार करने का पूरा हक़ है। फ़िल्म की ओर प्रस्थान महज़ पलायन नहीं है, बल्कि आर्थिक अनिश्चितता का एक विकल्प है। इस आर्थिक अनिश्चितता के कारण 'अन्धेर नगरी' के सेट पर मधुकर जुत्शी के फाँसी लगाकर आत्महत्या करने का दृश्य वर्षा ने देखा था और यह भी देखा था कि रंगमंच के बहुत सारे श्रेष्ठ कलाकार दर-बदर की ठोकरें खा रहे हैं। उपभोक्तावादी संस्कृति और बाजार-अर्थव्यवस्था वाले युग में व्यावसायिकता की शर्तों से समझौता करना कलाकारों की नियति है, अन्यथा ''हर्ष'' की तरह किसी समुद्र के किनारे वे मरे पाये जाते हैं। वर्षा मरना नहीं चाहती है, वह यश और प्रतिष्ठा कमाना चाहती है, आर्थिक सम्पन्नता चाहती है और सबसे अधिक श्रेष्ठ अभिनेत्री बनना चाहती है, अतः बम्बई के फ़िल्म जगत की ओर प्रस्थान करती है। एक औसत महत्त्वाकांक्षी भारतीय स्त्री की तरह वह अपने ''कैरियर'' के प्रति जागरूक है और अपनी सफलता के प्रति उत्सुक। वर्षा की इस आकांक्षा को ''अनुपमा'' बड़े ही स्पष्ट शब्दों में व्यक्त कर देती है :

''आपकी तरह इसकी भी ज़रूरतें हैं। यह भी ज़िन्दगी में थोड़ी सुविधाएँ चाहती है।...समझौते का रास्ता सिर्फ़ आपके लिए नहीं खुला है। दूसरों को भी समझौता करने की छूट है।''

''वर्षा मुझसे बेहतर स्थिति में है। इसे रिपर्टरी से एक्टिंग की तनख़्वाह मिलती है।'' स्नेह ने तर्क दिया।

"वह समय के लम्बे विस्तार के लिए काफ़ी नहीं। उसके आधार पर कोई अपनी पूरी ज़िन्दगी नहीं गुज़ार सकता।"

स्नेह पल भर चुप रहे, तो चतुर्भुज बोले, "वर्षा ने अकादमी का पुरस्कार भी स्वीकार किया है।"

"अब वर्षा को अपने कला-माध्यम के प्रति प्रतिबद्ध होना पड़ेगा।" स्नेह ने कहा।

"...वह अभिनेत्री है। अपनी कला के परिष्कार के लिए उसे दूसरे माध्यम की चुनौती झेलने का पूरा हक़ है।"[22]

बम्बई की चित्रनगरी में आकर यूँ तो वर्षा का संघर्ष प्रायः समाप्त हो जाता है और उसकी सफलता की चमत्कारिक यात्रा शुरू होती है, जो किसी आधुनिक "परीकथा" से कम प्रतीत नहीं होती, लेकिन तब भी यहाँ वर्षा को कुछ समस्याओं से जूझना पड़ता है। वह समकालीन अभिनेत्रियों की ईर्ष्या और अपमानजनक व्यवहार का सामना करती है। जिस फ़िल्म में वर्षा और कंचनप्रभा साथ-साथ काम करते हैं, उसमें कंचनप्रभा न सिर्फ़ वर्षा के अच्छे संवादों को हड़पकर बल्कि उसे अपमानित कर उसकी अभिनय-प्रतिभा को कुण्ठित कर देना चाहती है :

"गोरी रूपवान कंचनप्रभा ने निगाह उठाकर उसका सर्वेक्षण किया। चेहरे पर सर्द तिरस्कार का भाव आ गया, "अच्छा आप ही हैं वर्षा वशिष्ठ! ...ऐसी शक्ल के साथ स्टार बनना चाहती हैं।

वर्षा के कान गर्म हो गये। तत्क्षण रूधिर का प्रभाव बढ़ता महसूस हुआ। ...अगले ही पल वर्षा चेहरे पर सहज मुस्कान ले आयी, "आप तो जानती हैं, आकांक्षाओं के पीछे अक्सर लॉजिक नहीं होती।"

...वयस्क होने के बाद वर्षा ने ऐसा अपमान अभी तक नहीं झेला था। ...अगर उसका रंग साँवला है, नाक-नक्श मामूली हैं, तो क्या यह उसका दोष है? पर ज़िन्दगी में बहुत कुछ अतार्किक होता है।"[23]

बम्बई की फ़िल्मनगरी में पदार्पण करने के बावजूद वर्षा वहाँ की "डिबानियर" संस्कृति से समझौता नहीं करती। ग्लैमर से आक्रान्त, प्रदर्शन-लोलुप और अंग-प्रदर्शन की असीम आकांक्षा रखने वाली अभिनेत्रियों से वह सहमत नहीं। फ़िल्मनगरी में व्याप्त अन्धविश्वास, छल-छद्म, ईर्ष्या-द्वेष, फ़िल्मों की स्तरहीनता उसकी कलात्मक मान्यतओं के प्रतिकूल हो जाती हैं, जिसके कारण अन्ततः वह व्यावसायिक फ़िल्मों की सर्वश्रेष्ठ अभिनेत्री होने के बावजूद फ़िल्मनगरी से आत्मनिर्वासित होने को विवश हो जाती है। फ़िल्मी पत्राकारिता की फूहड़ता उसकी भावना को ठेस पहुँचाती है जिसके कारण वर्षा का पत्राकारों के साथ टकराव होता है।

इन पत्राकारों को कुछ भी उत्तेजक और सनसनीखेज चाहिए, अभिनय क्षमता से उन्हें कोई मतलब नहीं है। दिव्या के साथ वर्षा के सम्बन्ध को ''समलैंगिकता'' का जामा पहनाकर उसके चरित्र पर कीचड़ उछाला जाता है और पत्राकार मेहरू मर्चेंट द्वारा उससे अनेक अपमानजनक सवाल पूछे जाते हैं :

''शादी से पहले के सेक्स पर आपके क्या विचार हैं?''

...कामसूत्राा के कौन-कौन से आसन आपको विशेष पसन्द हैं? किस उम्र में आपकी कौमार्य तिलांजलि हुई थी? ''वननाईट स्टैंड'' पर आपकी क्या राय है? आज की जटिल ज़िन्दगी में इसे अनिवार्यता मानती हैं न? आप ''आर्जी'' अपने मित्रों के साथ पसन्द करेंगी या अजनबियों के साथ? दो पुरुषों के संग एक साथ सेक्स-थ्री-वे-लव पर आपका क्या मत है?''[24]

ज़ाहिर है व्यावसायिकता की इन अपमानजनक स्थितियों से वर्षा समझौता नहीं कर पाती और अन्ततः बम्बई के कला जगत से उसे निर्वासित होना पड़ता है। इस प्रकार ज़िन्दगी के अन्तिम दौर में वर्षा गहरे भावनात्मक अकेलेपन की शिकार हो जाती है। हर्ष जो उसका प्रेमी है, उसकी ज़िन्दगी का अनिवार्य हिस्सा है उसकी मृत्यु हो जाती है। इस घातक सदमे के साथ वर्षा का यह संवाद उसके गहरे दुःख और अकेलेपन को व्यक्त करता है :

''मेरे वास्ते चन्द्रमा हमेशा के लिए बुझ गया है।''[25]

अपने इस भावनात्मक अकेलेपन को भरने के लिए वर्षा ''मातृत्व'' के विकल्प को स्वीकार करती है। हालाँकि सन्तान, पति या प्रेमी का विकल्प नहीं हो सकता, लेकिन उसके अभाव को थोड़ा कम तो अवश्य कर सकता है। इसलिए वर्षा के अविवाहित मातृत्व की आकांक्षा आदर्शपरक होने के बावजूद बिल्कुल अतार्किक नहीं कही जा सकती। अनेक प्रबुद्ध आलोचकों ने वर्षा की इस आकांक्षा को अतार्किक और परम्परावादी माना है। डॉ. ''प्रभा खेतान'' की मान्यता है कि इस समाधान के द्वारा रचनाकार यह साबित करना चाहता है कि पुरुष के बिना स्त्री की सार्थकता नहीं हो सकती। उनके शब्दों में :

क्या लेखक के मानस में वही एक घिसापिटा मुहावरा काम नहीं कर रहा कि तुम कुछ भी करो, कहीं भी जाओ कितनी भी ऊँचाई पर...लेकिन पुरुष के बिना अधूरी हो, मातृत्व ही तुम्हारी वास्तविक सफलता है। ...आप यदि वास्तव में किसी ऐसी स्त्री से पूछें जिसने इतना संघर्ष किया हो, जो कला के जगत में सर्वोच्च स्थान पर है तो वर्षा भी उसी तरह खड़ी हो सकती थी। कोई फ़र्क नहीं पड़ता कि माँ बनकर ख़ुश होती, बहुतेरे अनुभवों में यह भी एक महत्त्वपूर्ण अनुभव होता।...मगर उस लिजलिजी पुरुष-परम्परा का प्रतीक वह

बच्चा है...और लेखक की कलम की देन है। वास्तविक जीवन में इतनी जुझारू स्त्री इतनी रूमानी भावुकता एफोर्ड ही नहीं कर सकती।"[26]

यहाँ प्रभा जी की इस मान्यता से सहमति बहुत कठिन है कि सुरेन्द्र वर्मा "मातृत्व को ही स्त्री की वास्तविक सफलता" मानते हैं। तथ्य इसके बिल्कुल विपरीत है। अपने प्रसिद्ध नाटक "सूर्य की अन्तिम किरण से सूर्य की पहली किरण तक" में रचनाकार ने शीलवती के माध्ययम से अपनी मान्यता को स्पष्ट कर दिया है कि मातृत्व नारी के लिए चरम उपलब्धि नहीं; बल्कि एक गौण उत्पादन है।

"नारीत्व की सार्थकता, मातृत्व में नहीं है महामात्य! है केवल पुरुष से संयोग के इस सुख में। ...मातृत्व केवल एक गौण उत्पादन है।[27]

जो लेखक मातृत्व को गौण उत्पादन मानता हो, उस पर यह आरोप लगाना कि वह मातृत्व को ही स्त्री की वास्तविक सफलता मानता है, बिल्कुल असंगत ही कहा जायेगा। जीवन में काम-सम्बन्धों की अनिवार्यता और नारीत्व को ही नारी की वास्तविक सार्थकता रेखांकित करने के लिए सुरेन्द्र वर्मा प्रायः बदनाम रहे हैं। अपनी प्रायः सभी रचनाओं में उन्होंने स्त्री आकांक्षा के इस पहलू पर बल दिया है। नारी-जीवन में काम-सम्बन्धों की कमनीयता पर उनका बल इतना अधिक रहा है कि विद्वानों ने उन्हें "काम-सम्बन्धों की कमनीयता" का रचनाकार घोषित कर दिया है। "मुझे चाँद चाहिए" में भी रचनाकार इस पहलू को अछूता नहीं छोड़ता है। "काम-सम्बन्ध की अनिवार्यता" का वर्णन लेखक ने बड़े ही उत्सवधर्मी माहौल में किया है। संयोग-सुख से उत्फुल्लित वर्षा की मनःस्थिति का वर्णन लेखक इस प्रकार करता है :

"सिलबिल उमंग से प्रफुल्लित थी। अपने-आप मुस्करा उठी, अपने-आप गुनगुनाने लगती। मैंने भी सृष्टि का रहस्य जान लिया है। बंगाली मार्किट में अपने-अपने बच्चों की उँगलियाँ थामे दो युवा स्त्रियों को मुक्त भाव से खिलखिलाते हुए देखकर उसने सोचा, मैं भी स्त्री बन गयी हूँ। उसके तन-मन में क्रान्ति हो चुकी थी और मंडी हाऊस जहाँ का तहाँ खड़ा था। उसका जी चाहा, रवीन्द्र भवन की छत पर चढ़ जाये और ऊँची पुकारों से सारे इलाके को गुंजायमान कर दे; मैं स्त्री बन गयी हूँ! मैं स्त्री बन गयी हूँ!!"[28]

प्रभा जी की एक और मान्यता है कि "आप यदि वास्तव में किसी ऐसी स्त्री से पूछें जिसने इतना संघर्ष किया हो, जो कला-जगत में सर्वोच्च स्थान पर है, तो वर्षा भी उसी तरह खड़ी हो सकती थी। कोई फ़र्क नहीं पड़ता कि माँ बनकर ख़ुश होती।" यहाँ यह बात बिल्कुल तर्कसंगत प्रतीत नहीं होती है कि

जुझारू और प्रतिष्ठित नारी के मन में मातृत्व की आकांक्षा नहीं होती है। इसलिए जब वर्षा विवाह के प्रस्ताव को स्वेच्छा से अस्वीकार कर देती है तब मातृत्व के सुख के सहारे ज़िन्दगी में शान्ति और सुख की कामना बिल्कुल असंगत नहीं मानी जा सकती।

मातृत्व की इस आकांक्षा पर एक और प्रबुद्ध आलोचक की टिप्पणी इस प्रकार है :

''इस पूरी स्थिति से लेखक की मानसिकता ज़रूर समझ में आने लगती है। ...एक तो यह कि औरत को एक ही पुरुष के प्रति समर्पित रहना चाहिए, और दूसरा यह कि मातृत्व महान है।...कहना न होगा कि ये दोनों ही तर्क स्त्री पर पुरुष की पकड़ को बनाये रखने का शाश्वत हथियार रहे हैं। और लेखक के पिछड़पन का उत्कृष्ट प्रमाण हैं।[29]

यहाँ पंकज विष्ट की इस मान्यता से सहमत होना कठिन है कि लेखक की मानसिकता ''एक पुरुष के प्रति स्त्री के समपर्ण'' और ''मातृत्व को महान'' बनाने की है जबकि सच्चाई इसके बिल्कुल विपरीत है। सुरेन्द्र वर्मा न तो एकनिष्ठता के समर्थक हैं और न ही मातृत्व को महान मानने के। मातृत्व के सम्बन्ध में उनका विचार स्पष्ट किया जा चुका है। ''एक पुरुष के प्रति नारी के समर्पण'' की जहाँ तक बात है, इस सम्बन्ध में भी सुरेन्द्र वर्मा का विचार जान लेना प्रासंगिक होगा। इसके लिए एक बार फिर ''सूर्य की अन्तिम किरण से सूर्य की पहली किरण तक'' में शीलवती का संवाद उद्धृत किया जा सकता है :

''जब आत्मसन्तोष की अन्धी दौड़ हो—व्यक्तिगत सुख की खोज़...तो जीवन बहुत जटिल होता है, ओक्काक...और उसकी माँगे भी उतनी ही उलझी हुई...पूर्ति के लिए एक से अधिक व्यक्ति चाहिए...किसी से समाज में स्थान, किसी से भौतिक सुविधाएँ, किसी से भावना की तृप्ति...किसी से शरीर का सुख...''[30]

इसीलिए पंकज जी की यह मान्यता बिल्कुल निराधार है कि लेखक की मानसिकता ''एक पुरुष के प्रति स्त्री के समर्पण'' ओर मातृत्व को महान मानने की है। 'मुझे चाँद चाहिए' उपन्यास में भी कहीं इस बात का संकेत नहीं है कि वर्षा एकनिष्ठता की समर्थक है और दूसरे पुरुष का संसर्ग उसके मन में अपराध-बोध पैदा करता है। हर्ष वर्षा के जीवन में सबसे महत्त्वपूर्ण व्यक्ति ज़रूर है, लेकिन वह सिद्धार्थ से भी प्यार करती है और बिना किसी अपराध-बोध के। पंकज जी की एक और मान्यता है कि ''मातृत्व'' को महान बताना लेखक के

पिछड़ेपन का उत्कृष्ट प्रमाण है। सवाल है जिस देश में तमाम आधुनिक स्त्री भी माँ बनने की तमन्ना रखती हो, वहाँ लेखक "मातृत्व की अवधारणा" को नकारकर आधुनिक कैस बन जाये? शायद आधुनिकता के अतिरिक्त उत्साह के कारण पंकज विष्ट भारतीय समाज और भारतीय स्त्री की मानसिकता को भूल गये हैं। वस्तुतः "मातृत्व" का सामर्थक नहीं होने के बावजूद सुरेन्द्र वर्मा ने वर्षा के मन में "मातृत्व" की जिस इच्छा का संकेत दिया है, वह आधुनिक भारतीय स्त्री की आकांक्षा के अधिक अनुकूल है।

दरअसल इस उपन्यास में सुरेन्द्र वर्मा ने स्त्री-आकांक्षा के अनेक पहलुओं को उठाया है और संस्थानों के विविध रूपों से उनकी टकराहट का विश्वसनीय चित्रण किया है। केवल वर्षा ही नहीं, उपन्यास में और भी अनेक नारी पात्र हैं, जो स्त्री-आकांक्षा के विविध आयामों को उद्‌घाटित करते हैं। गायित्री, सतवन्ती, झुमकी आदि परम्परागत भारतीय स्त्रियाँ हैं, जिनके लिए पति, बच्चे, और थोड़ी-सी भौतिक समृद्धि ही जीवन की सार्थकता है। दूसरी ओर वर्षा, रीटा, अनुपमा, शिवानी आदि आधुनिक भारतीय स्त्रियाँ हैं जिनकी आकांक्षा का स्वरूप अधिक जटिल है। इस सन्दर्भ में श्री विष्णु खरे की यह मान्यता काफ़ी सही जान पड़ती है कि :

मतभेद के कई नुक्तों के बावजूद सुरेन्द्र वर्मा के इस उपन्यास का महत्त्व इस बात में भी है कि इसमें शायद पहली बार एक ओर निम्नवर्गीय लड़की या औरत की घिसी-पिटी, लाचार, बेटी-बहन-माँ-पत्नी-ननद-देवरानी-जिठानी छवि को तोड़ा गया है। दूसरी ओर उसमें नारी को लेकर हिन्दी गल्प की रूग्ण रूमानियत तथा आदर्शवादिता से मुक्त करने का एक और प्रयास किया गया है। हिन्दी में नौकरी करने वाली स्त्रियों के बारे में तो लिखा गया है लेकिन एक अलग तरह की "कैरियर वूमन" को लेकर यह पहला उपन्यास हैं। इससे निम्नमध्यवर्गीय हिन्दू लड़की की एक सवायत्त तस्वीर उभरती है, वह भी लड़कियों को लेकर जोख़िम वाले क्षेत्रा में। ...सुरेन्द्र वर्मा का यह उपन्यास इस तरह नारी मन ही नहीं, भारतीय नारी जीवन की नयी कला-सम्भावनाओं की ओर इशारा करता है, भले ही वे रूमानी किस्म की न होकर महत्त्वाकांक्षी किस्म की हों।"[31]

दरअसल "मुझे चाँद चाहिए" स्वातन्त्र्योत्तर भारतीय नारियों की आकांक्षा और उसके लिए निरन्तर संघर्षरत स्त्रियों की सफलता-असफलता की कहानी है। इसमें रचनाकार ने मुख्य रूप से आधुनिक भारतीय स्त्रियों की उन आकांक्षाओं का चित्रण किया है जो परम्परागत और एकरेखीय नहीं है। संचार-संप्रेषण के विस्तार, महानगरों के विकास, औद्योगिकीकरण तथा बाजार-अर्थव्यवस्था के

प्रसार के कारण जटिल होती हुई ज़िन्दगी की जटिल आकांक्षाएँ इस उपन्यास के ''अर्न्तवस्तु'' को निर्मित करती हैं। इन स्त्रियों की आकांक्षा केवल परिवार, पति और बच्चों तक सीमित नहीं है, बल्कि इसके साथ-साथ वे अपने लिए एक बेहतर ''कैरियर'' चाहती हैं, यश और प्रतिष्ठा चाहती हैं, भावनात्मक साझेदारी चाहती हैं और भौतिक समृद्धि चाहती हैं। इसीलिए यह उपन्यास एक जटिल ''आकांक्षा'' का आख्यान है, जिसमें सामाजिक प्रतिष्ठा, कलात्मक उपलब्धि, भौतिक समृद्धि, भावनात्मक सन्तुष्टि–ये सभी आकांक्षाएँ शामिल हैं। लेकिन जटिल होती हुई ज़िन्दगी में आकांक्षाओं की पूर्ति भी उतनी ही जटिल होती है। सामाजिक, राजनीतिक, पारिवारिक, तमाम तरह के संस्थान व्यक्ति के विकास को बाधित करते हैं और इनसे संघर्ष करते हुए अपने सपनों और आकांक्षाओं को साकार कर लेना बहुत मुश्किल काम होता है। ''चाँद'' सभी प्रकार की आकांक्षाओं का प्रतीक है, जिसको पाने की तमन्ना प्रत्येक व्यक्ति को होती है, लेकिन वह किसी को नही मिलता। ''कालिगुला'' को चाँद नहीं मिलता है, तो वर्षा वशिष्ठ को भी नहीं। वर्षा, अनुपमा, रीटा–ये सभी भारतीय स्त्रियाँ ''चाँद'' की तलाश में हैं, लेकिन सभी अपूर्ण लौटती हैं क्योंकि ''चन्द्रमा'' तो प्रतीक है–खुशी का, सम्पूर्णता का। वर्षा वशिष्ठ को यदि आर्थिक समृद्धि और कलागत प्रतिष्ठा मिलती है, तो भावनात्मक अकेलेपपन की पूर्ति नहीं हो पाती है। रीटा को यदि पति और बच्चे का सुख मिलता है, तो वह कलात्मक उपलब्धि से वंचित रह जाती है। वस्तुतः यह उपन्यास ''चन्द्रमा'' (सुख) की तलाश में भटकती हुई भारतीय स्त्रियों की संघर्ष-गाथा है, जिन्हें अन्ततः आधी-अधूरी उपलब्धियों से समझौता करना पड़ता है। दुर्भाग्यवश उपन्यासकार उपन्यास के उत्तरार्द्ध में हिन्दी फ़िल्मों की ''फार्मूलेबाजी'' और चमत्कारवाद में इतना खो जाता है कि स्त्रियों की यह संघर्ष-गाथा धूमिल हो जाती है। इसके कारण सम्पूर्ण उपन्यास में कोई भी स्त्री-पात्र अविस्मरणीय चरित्र के रूप में अपनी छाप नहीं छोड़ पाते और उनकी संघर्ष-गाथा हमें बहुत विचलित नहीं कर पाती। ऐसा लगता है कि पात्रों की भीड़ में चरित्र खो गये हैं। उपन्यास की नायिका ''वर्षा वशिष्ठ'' की दास्तान भी इससे अलग नहीं। जिस तरह फ्लाउबे की ''मदाम बॉबेरी'', तॉल्सतॉय की ''अन्नाकारेनिना'' चैख़ब की ''नीना'' और ''माशा'', ब्रेख़्त की ''हिम्मतमाई'', शतरतचन्द्र की ''पारो'' या ''कमल'', कृष्णा सोबती की ''मित्रो'', मंजुल भगत की ''अनारो'' हमारी स्मृति में स्थायी जगह बना लेती हैं वर्षा वशिष्ठ के चरित्र में वैसी गहराई और जीवन्तता का अभाव है। यदि सुरेन्द्र वर्मा लोकप्रियता के

अतिशय लोभ में न पड़कर ''फ़िल्मी लटकेबाजी'' और स्वप्निल ''चमत्कारवाद'' से अपना दामन बचाकर रखते, तो यह उपन्यास हिन्दी साहित्य की अभिनव उपलब्धि होती—एक नये तरह की ''कैरियर वीमेन'' की अविस्मरणीय संघर्ष-गाथा। लेकिन इन सीमाओं के बावजूद सुरेन्द्र वर्मा को इस बात का श्रेय अवश्य मिलना चाहिए कि उन्होंने स्त्री की पारम्परिक छवि से हटकर स्वातन्त्र्योत्तर भारतीय समाज में अपनी स्वतन्त्र अस्मिता के लिए संघर्ष करने वाली 'कैरियर वूमन' को अपने उपन्यास का विषय बनाया है और उसके जीवन के विविध पहलुओं का विश्वसनीय चित्रण किया है।

सन्दर्भ

1. "Hindi fiction of post independence narrets the Story of our hopes and aspirations and our defeats and frustrations."
   Rajendra Yadav, 'The Hindi Short Story : The changing ScUnario' The Book Review, Vol.XVIII, April, 1994, p.22
2. अल्बैर कामू, कालिगुला (अनुवाद—शरद चन्द्रा), पृ. 15
3. "The house and hearth of the very ordinary family of a very ordinary looking, adolescent girl in a Small town, its ambience, that of a city like Lucknow, of the Capital Delhi, and of the rotten but glittering world of mighty metropolis Bombay; Commerical cinema and Stardom, by which is meant the dark recesses and the high flights of ambitious actors and actresses seeking artistic fame; searing sensitivity, smiple and complex affairs of the hurt and the lusts and excesses of the mind and the body alike; dense darklness of Caligula; the anguish of Chekhov's disintegrating characters; the ascending aspirations of creative persons or rather personalities and the dark descending valleys of their souls; and the middle class, the upper middle class and the truly rich--- have all found expression in just the one Hindi novel 'Mujhe Chand Chahiye' (I want the moon) by Surendra Verma"
   Ramagopal Bajaj, Reaching For the Moon-In Eclipse : The Book Review, Vol. XVIII, April, 1994, p.19
4. मुझे चाँद चाहिए, पृ. 16-17
5. उपर्युक्त, पृ. 20
6. उपर्युक्त, पृ. 22
7. उपर्युक्त, पृ. 48
8. उपर्युक्त, पृ. 24
9. उपर्युक्त, पृ. 31-32
10. उपर्युक्त, पृ. 317-318
11. भारत भारद्वाज, महत्त्वपूर्ण पुस्तकों का वर्ष, आजकल, जनवरी 1994
12. मुझे चाँद चाहिए, पृ. 32

13. उपर्युक्त, पृ. 66
14. चैख़व सीगल (''हंसिनी'' नाम से राजेन्द्र यादव द्वारा अनुदित), पृ. 68
15. मुझे चाँद चाहिए, पृ. 118-119
16. उपर्युक्त, पृ. 524-26
17. उपर्युक्त, पृ. 454-55
18. कामू, कालिगुला (शरदचन्द्रा द्वारा हिन्दी में अनुवादित), पृ. 64
19. मुझे चाँद चाहिए, पृ. 166-67
20. उपर्युक्त, पृ. 167-68
21. उपर्युक्त, पृ. 172-73
22. उपर्युक्त, पृ. 293
23. उपर्युक्त, पृ. 34-47
24. उपर्युक्त, पृ. 397
25. उपर्युक्त, पृ. 547
26. डॉ. प्रभा खेतान, दो उपन्यासकार और नारी का आत्मसंघर्ष, हंस, जून 1994, पृ 67
27. सुरेन्द्र वर्मा, सूर्य की अन्तिम किरण से सूर्य की पहली किरण तक, पृ. 52
28. मुझे चाँद चाहिए, पृ. 121
29. पंकज विष्ट, तो तुम्हें चाँद चाहिए, हंस, जुलाई 1994, पृ. 82
30. सूर्य अन्तिम किरण से सूर्य की पहली किरण तक, पृ. 51
31. विष्णु खरे, 'माह के चेहरे पे हैं कुछ झाइयाँ', कहानी : मार्च 1994, पृ. 82

❑❑